Gonglu Jiaotong Yingji Guanli Jiaocheng

公路交通应急管理教程

赵光辉　陈立华　编著

人民交通出版社

内 容 提 要

本书全面分析我国公路交通应急管理的现状和存在的问题，通过对国内外交通应急管理体系建设的定性分析，结合目前国内公路交通应急管理的发展趋势，构建公路交通应急管理体系框架，研究公路交通应急预案体系和应急指挥平台技术框架，提出交通应急物资储备及公路交通应急队伍的建设思路，为交通应急发展提供理论支撑和技术支持。

本书可供研究及制定相关政策的政府部门参考，也可供相关研究人员及交通行业人员阅读参考。

图书在版编目(CIP)数据

公路交通应急管理教程／赵光辉，陈立华编著. ——北京：人民交通出版社，2013.1
ISBN 978-7-114-10324-7

Ⅰ.①公… Ⅱ.①赵… ②陈… Ⅲ.①公路运输－交通运输安全－安全管理－中国－教材 Ⅳ.①U492.8

中国版本图书馆 CIP 数据核字(2013)第 011071 号

书　　名：	公路交通应急管理教程
著 作 者：	赵光辉　陈立华
责任编辑：	张征宇　郭红蕊
出版发行：	人民交通出版社
地　　址：	(100011)北京市朝阳区安定门外外馆斜街3号
网　　址：	http://www.ccpress.com.cn
销售电话：	(010)59757973
总 经 销：	人民交通出版社发行部
经　　销：	各地新华书店
印　　刷：	北京交通印务实业公司
开　　本：	787×1092　1/16
印　　张：	9
字　　数：	179千
版　　次：	2013年1月　第1版
印　　次：	2013年1月　第1次印刷
书　　号：	ISBN 978-7-114-10324-7
印　　数：	0001-3000册
定　　价：	28.00元

(有印刷、装订质量问题的图书由本社负责调换)

本书是为完成交通运输部联合攻关项目"交通应急管理关键环节研究"（合同编号：2010-353-226-040）而形成的研究报告。该项目负责人为交通运输部管理干部学院现代交通运输发展研究中心赵光辉主任和吉林省公路管理局陈立华局长。研究期限为2010年6月至2011年12月。

前　言

在全面建设小康社会和实现我国发展三步走战略的进程中,环境、社会等方面问题凸显,导致我国面临突发的紧急事态和重大自然灾害不断增多,危害越发严重。近年来,自然灾害、事故灾难、公共卫生和社会安全等突发事件造成我国每年非正常死亡超过 20 万人,伤残超过 200 万人,经济损失超过 6000 亿元。2003 年,各种突发公共事件共给国家造成损失 6500 亿元。2004 年,我国共发生各类突发公共事件 561 万起,造成 21 万人死亡、175 万人受伤,全年各种突发事件带来的直接经济损失虽然较 2003 年有所下降,但损失仍然高达 4550 亿元之巨。2005～2007 年各类突发事件的直接经济损失相当于我国 GDP 的 6%。2008 年我国先后经历了南方暴风雪、拉萨 3·14"打、砸、抢"暴力事件、4·28 胶济铁路火车相撞事故,特别是 5·12 汶川 8.0 级大地震夺去了近 10 万人的生命。

作为国家应急体系的重要组成部分,目前交通运输安全和应急保障的基础薄弱,防范和抵御非传统安全的能力比较脆弱,道路、桥梁等交通基础设施老化现象严重,各类灾害引起的次生灾害的影响大,公路交通面临着许多潜在风险和现实威胁,同时应急物资准备不足、跨区协调沟通不畅、信息不通等原因,使得如何加强交通防灾减灾能力,加强应急管理体系建设迫在眉睫。此外,随着综合交通运输体系建设的推进,交通运输安全生产和应急工作跨行业、跨地域、相互交叉的特征更加明显,迫切要求建立健全反应快捷、处置高效的应急保障体系。

本书基于多年在公路管理、交通应急、突发事件处置的优势,以应急管理学为指导,提出公路交通应急管理关键环节的建设思路,为加强防灾减灾能力、健全交通应急管理保障体系提供理论指导和技术支持,并为区域性应急管理指挥中心建设奠定基础。

编著者
2012 年 12 月

目　　录

第1章　绪论 ··· 1
　第1节　研究背景 ·· 1
　第2节　研究内容 ·· 3
　问题 ··· 5

第2章　公路应急管理现状评价 ··· 6
　第1节　我国公路应急管理体系建设总体情况 ····················· 6
　第2节　地方应急管理体系建设的情况 ······························· 8
　第3节　公路交通应急管理存在的问题 ······························ 13
　本章小结 ··· 14
　问题 ··· 14
　课外阅读 ··· 14

第3章　国外应急管理体系比较分析 ·································· 23
　第1节　美国应急管理体系 ··· 23
　第2节　俄罗斯应急管理体系 ·· 27
　第3节　日本应急管理体系 ··· 28
　第4节　国外应急管理体系经验分析及启示 ······················· 30
　本章小结 ··· 32
　问题 ··· 32

第4章　公路交通应急管理体系框架设计 ··························· 33
　第1节　公路交通应急管理体系建设总体框架 ···················· 33
　第2节　应急保障能力 ··· 33
　第3节　应急处置能力 ··· 35

第 4 节　应急管理体系关键环节 ································ 37
第 5 节　吉林省公路交通应急体系建设 ······················ 38
本章小结 ··· 44
问题 ·· 44
课外阅读 ··· 45

第 5 章　公路交通应急管理保障能力建设 ························ 53
第 1 节　公路交通应急预案体系建设 ··························· 53
第 2 节　公路交通应急物资储备体系建设 ···················· 66
第 3 节　公路交通应急管理与处置中心建设 ················ 73
第 4 节　公路交通应急队伍建设 ·································· 85
本章小结 ··· 89
问题 ·· 89
课外阅读 ··· 89

第 6 章　公路交通应急管理处置能力建设 ························ 98
第 1 节　公路交通应急响应能力建设 ··························· 98
第 2 节　公路交通应急管理运行机制建设 ·················· 111
第 3 节　公路交通应急演练体系建设 ························· 118
本章小结 ··· 127
问题 ··· 127
课外阅读 ··· 127

参考文献 ··· 134

后记 ··· 135

第1章 绪 论

第1节 研究背景

我国是一个自然灾害频繁发生的国家,时常会遭受洪涝、台风、冰雹、地震等自然灾害的袭击。伴随着经济的发展和社会的转型,我国进入了突发公共事件的高发期,自然灾害、事故灾难、公共卫生事件和社会安全事件等突发事件的发生将呈上升趋势。

1. 自然灾害方面

我国是世界上受自然灾害影响最为严重的国家之一,伴随世界气候变暖、海平面上升,由气候异常引发的台风、地震、海啸、洪涝等自然灾害频繁发生,地质灾害逐渐增多。我国有70%以上的大城市、50%以上的人口、75%以上的工农业产值,分布在洪水、地震、海洋等灾害严重的沿海及东部地区,灾害发生频率高、种类多、损失严重。各类自然和地质灾害造成公路、桥梁、隧道损毁阻断,极端恶劣天气造成旅客滞留、货物受阻的情况时有发生,并且持续时间不断延长。在发生重大自然灾害时,道路运输发挥着抢险救灾的重要基础保障作用,任务十分艰巨。

2. 事故灾难方面

经济社会快速发展使道路运输安全生产形势依然严峻,事故发生频率加大,后果更趋严重,事故预防与处置难度越来越大。如随着全社会对危险品的需求迅速增加,道路危险货物运输的种类、数量不断增长,货物的危险性质也越来越复杂,引发重特大突发环境事件、辐射事故的隐患也越来越多。据不完全统计,目前我国每年汽车运输危险货物运输量超过2.5亿吨,其中,剧毒的氰化物超过80万吨左右,易燃易爆油品类超过1.5亿吨。道路危险货物运输已覆盖爆炸品、压缩气体和液化气体、易燃液体、易燃固体、自燃物品和遇湿易燃物品、氧化剂和有机过氧化物、毒害品和感染性物品、放射性物品、腐蚀品、杂类等9类。大量的易燃、易爆、剧毒、剧腐蚀的危险货物在全国公路网上运输,形成一个个流动的潜在危险源,稍有不慎,就会给生态、环境造成严重破坏和污染,使人民生命财产遭受巨大损失且产生严重的社会影响。

3. 社会公共事件

我国正处于社会转型期,各种矛盾错综复杂,影响社会稳定和经济安全的因素仍然较多,社会群体性事件时有发生。经济社会的快速发展和人民生活水平的提高使得商贸往来、人口流动和物资运输日益频繁,事故隐患增加,不确定性增大。重大节假日、黄金周、大型会议、国际展览、体育赛事等活动在短时间内使客货流迅速集中,需要及时疏散大量物资或人员,应急运输保障工作任务重、难度大。以广州为例,2008年春运期间,在遭遇历史罕见的雨雪灾害天气情况下,共发送道路旅客1735.12万人次,其中市区客运站场发送旅客1069.50万人次,相当于把广州市人口都搬了一次家。

4. 重点物资运输

我国的经济结构、产业布局和资源分布格局,决定了我国北煤南运、西煤东运以及原油、铁矿石等大量进口状况将长期持续。在铁路运能紧张的情况下,电煤、原油、矿石运力紧张的局面难以在短期内得到根本缓解,因此,公路运输对于保障全国的能源供给,保障经济平稳运行发挥着不可替代的重要作用。"十二五"阶段,我国经济将继续保持较快增长,与此同时,煤炭、石油、矿石、粮食、化肥等重点物资应急运输形势仍然十分严峻。

民政部门统计,2001~2010年我国自然灾害及经济损失如表1-1所示。

2001~2010年我国自然灾害及经济损失表　　表1-1

项目 年份	死亡人口 (人)	紧急转移人口 (万人·次)	农作物受灾面积 (千公顷)	农作物绝收面积 (千公顷)	倒塌房屋 (万间)	直接经济损失 (亿元)
2010年	7844	1858.4	3742.6	486.3	273.3	5339.9
2009年	1528	700.0	47213.7	4917.5	83.8	2523.7
2008年	88928	2682.2	39990.0	4032.2	1097.8	11752.4
2007年	2956	1404.2	37987.0	4906.4	163.5	2608.4
2006年	3186	1384.5	41091.0	5409.0	193.3	2428.1
2005年	2475	1570.3	38818.2	4597.4	226.4	2042.0
2004年	2260	563.4	37016.5	4360.0	155.0	1602
2003年	2259	707.3	54386.3	8546.0	343.0	1884.2
2002年	2384	471.8	45214.0	6433.0	189.0	1637.0
2001年	2538	211.1	52150.0	8215.0	92.2	1942.2

由表1-1中数据可以发现,自然灾害所带来的破坏力逐年递增,特别是改革开放后,在全面建设小康社会和实现我国发展"三步走战略"的进程中,环境、社会等方面问题凸显,导致我国面临突发的紧急事态和重大自然灾害不断增多,危害越发严重。近年来,自然灾害、事故灾难、公共卫生和社会安全等突发事件造成我国每年非正常死亡超过20万人,伤残超过200万人,经济损失超过6000亿元。2003年,各种突发公共事件共给国家造成损失6500亿元;2004年,我国共发生各类突发公共事件561万起,造成21万人死亡、175万人受伤,全年各种突发事件带来的直接经济损失虽然较2003年有所下降,但仍然高达4550亿元之巨;2005~2007年各类突发事件的直接经济损失都相当于我国GDP的6%;2008年我国先后经历了南方暴风雪、拉萨3·14"打、砸、抢"暴力

事件、4·28胶济铁路火车相撞事故,特别是5·12汶川8.0级大地震夺去了近10万人的生命。

种种迹象表明,公共突发事件的发生越来越频繁,其带来的危害也越来越严重,如何有效应对各类突发事件已成为当今各国所面临的一道难题。突发公共事件有很强的随机性和不可预见性,以目前的科学技术水平尚无法避免及准确预测,因而建立应急管理体系和各类应急预案是减少公共突发事件损失的唯一手段。

交通应急管理是国家应急体系的重要组成部分,也是各类应急预案顺利开展的基础。加强交通应急管理,建立健全交通应急管理机制,是关系国家经济社会发展全局和人民群众生命财产安全的大事,是交通行业全面落实科学发展观,坚持以人为本、执政为民、全面履行政府职能的重要内容。因此,必须建立一套完整的交通应急管理体系,从管理、运行、保障、善后处理等方面对体系进行合理构建,以应对各类突发事件的挑战。

第2节 研究内容

本书主要研究内容来自于交通运输部科技联合攻关项目《交通应急管理关键环节研究》的研究成果。该项目研究成果主要由四大模块构成,分别是调研分析、机制分析、体系规划和实施运行模块,如图1-1所示。

在调研分析模块,针对我国公路交通应急管理体系建设的总体情况和各地方应急管理建设的具体情况,理清公路交通应急管理存在的普遍问题;分析美国、俄罗斯、日本的应急管理体系,总结国外交通应急管理体系的经验,及对我国公路交通应急管理体系建立的启示。

在机制分析模块,针对目前应急管理运行机制,提出不同地域、不同灾害特点的应急管理运行机制特点,并提出适合当前交通发展的应急管理运行机制。研究了应急管理主管机构与上级交通主管部门、与同级别交通主管部门、与交警等系统外相关部门之间的应急协调管理机制,并以吉林省公路局为例,构建了应急协调过程中各部门间的数据交流及处置方式,为交通应急协调机制运行奠定了坚实基础。

在体系规划模块,在分析目前应急队伍存在问题基础上,提出了有利于应急救援的应急队伍组建模式。并为增强应急救援能力,根据目前突发灾害分布类型,研究了地震、气象灾害、公路隧道、危险品公路运输及突发公共卫生事件的地域分布特点,提出了以某项应急预案为基本框架,以演练人员动作节点和程序节奏为主要内容的基于信息流的应急演练协调与合作模型,设计了危化品事故应急演练、桥梁损毁应急演练、水毁路段坍塌演练及凝冻雨雪路面等四类演练方案来提高应急实际救援能力,在此基础上,构建了道路中断下、低温雨雪灾害、危险品运输事故及公共安全突发事件的交通应急响应能力处置措施体系,为如何加强应急队伍建设提供了具体方向和思路。

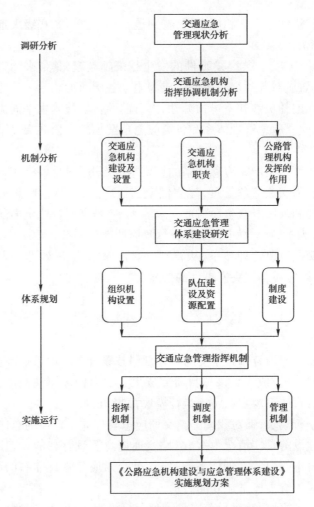

图 1-1 研究模块划分

在实施运行模块，从数据标准规范和信息安全保障两方面考虑，提出区域性公路网管理与应急处置平台的体系架构。重点实现监测监控、运行分析、预测预警、信息报告、综合研判、调度指挥、异地会商、信息发布和现场图像采集等主要功能，为区域性路网指挥中心建设的可行性提供理论支持和技术指导，并为全国性或区域性应急指挥协调中心实现提供重要途径。

提出不同地域、不同灾害特点下的应急物资、应急设备储备需求，并以保证最大限度节约资源和最快的应急反应效率为目标，对应急物资设备的存储运行模式进行深入探讨，建立应急物资及设备储备体系。在此基础上，考虑应急物资保障点配置装备保障人员、装备设备和维修备件等装备保障资源，建立以应急物资保障点到所辐射范围的各个顶点的距离之和最小作为目标函数，优化装备应急保障点的数目，实现省级公路交通应急保障点选址问题。

针对各级各类可能发生的事故和所有危险源，明确事前、事发、事中、事后的各个过程中相关部门和有关人员的职责，提出制订专项应急预案和现场应急处置方案的原则和思路，构建了突发洪水自然灾害公路交通应急专项预案、突发暴雪自然灾害公路交通应急专项预案、公路交通中断疏通应急预案、危险化学品道路运输事故应急救援预案和突发公共卫生事件公路交通应急专项预案等设计方案,为预案的编制和修订提供了指导方向。

项目研究根据上述模块划分组织开展,先后形成了多份子课题报告。本书吸纳了这些子课题报告的部分成果及主要观点,并进行了重新提炼整合。本书的组织方式与上述研究模块划分大体对应,但并不完全一致。

本书第1章为绪论,总体介绍本书的编制背景和主要内容。第2章为公路应急管理现状评价,对应于"调研分析"模块。第3章为国外应急管理体系比较分析,对应于"机制分析"模块。第4章为公路交通应急管理体系框架设计,对应于"体系规划"模块。第5章为公路交通应急管理保障能力建设,第6章为公路交通应急管理处置能力建设,对应于"实施运行"模块,是全书的核心内容,也是最终结论。

1. 公路交通应急在应急管理体系中的地位?
2. 公路交通应急管理具有什么作用?
3. 公路交通应急管理具备哪几个关键模块?

第2章 公路应急管理现状评价

截止到2011年底,我国公路网总里程已突破400万公里,其中,高速公路总里程达8.5万公里。2011年全国新增公路通车里程7.14万公里,其中高速公路1.10万公里,新改建农村公路19万公里。我国公路网的高速发展对公路整体的管理水平提出了更高的要求,加快建立高效集中、协调有力的公路交通应急管理体系,是提升公路应对突发事件和风险能力的现实需要,是提高公路网运行效率和服务水平的迫切需求,也是实现确保公路交通更安全、更畅通、更和谐、更高效的根本要求。

第1节 我国公路应急管理体系建设总体情况

部分地区在公路交通应急管理体系建设实践中,结合当地实际情况,在公路交通应急管理体制、多部门协调机制、跨区域应急联动、应急保障能力建设等方面进行了许多有益的探索和尝试,积累了一些经验和做法,为强化我国公路交通应急管理奠定了实践基础。

1. 运转高效的多部门协调和联动机制是公路交通应急管理体系建设的关键

应急事件发生后,多部门的协调和联动是各方应急资源形成合力的基础,也是应急管理机构有效运转的关键和制度保障。如在探索与交警部门协调联动中,河南省交通厅与省公安厅高速交警支队联合成立了"河南省公路路警联合指挥中心",负责全省范围内公路各种突发事件的应急处置、指挥、协调,并建立了"路警四联合"(联合指挥、联合巡逻、联合执法、联合施救)的协调配合机制。湖北省公路管理部门以"六个一"(一个声音调度、一个窗口办案、一张表格审批、一套制度体系、一流形象执法、一条道路畅通)为核心,建立了联合执法、联合办公、联合审批、联合宣传、联合执勤的日常工作机制。此外,河南省的公路管理部门还建立了干线公路与高速公路以及铁路、民航等其他交通运输方式间的协调配合,交通与气象、民政、新闻媒体等部门间的协调配合等机制,在应急事件的处理中取得了良好效果。

2. 跨区域应急联动是保障公路网畅通的有力举措

跨区域公路管理部门之间信息互通、快速反应、多方联动,实施在应急状态下跨区域绕行、统一封路时间、异地劝返等有效措施,充分发挥公路的网络效应，对减少人民生命和财产损失，提高公路交通应急处置能力和道路通行能力具有重要意义。如在抗冰雪灾害抢通京珠高速公路期间，交通运输部加强省际间协调，与广东、湖南、广西、湖北、河南、江西等省积极协调，建立了联动协调机制，制定了跨区域绕行方案，先后开辟了从湖南衡枣高速分流广西、从赣粤高速公路分流江西的两条跨区域绕行路线，三天分流车辆18万余辆，为湖南、广东两省抢通道路、及时疏散滞留车辆和人员赢得了时间。

3. 加强信息采集与共享是应急管理体系有效运行的重要支撑

及时的信息保障为公路交通应急决策和指挥提供了重要支撑。2008年的雨雪冰冻灾害期间，各级交通部门充分认识到信息保障的重要性，在应急反应初期建立了相应的信息上报、汇总、发布等工作制度。进一步加强了与其他有关部门、省际间的信息沟通，为部门联动、省际联动的指挥调度和现场处置提供了有力支撑。如湖北省交通厅(现湖北省交通运输厅)充分利用门户网站、交通公众出行服务系统、公路监控系统、GPS监控系统、96576公路服务热线和湖北交通音乐频道等综合信息发布平台，严格24小时值班制度，坚持每小时发布一次全省高速公路动态路况信息，确保路况动态信息第一时间向社会公布，为服务驾乘人员和旅客出行发挥了重要作用。安徽省主动与河南、江苏、湖北、浙江等邻省交通、公安交警部门联系、协调，保持信息互通，共同做好省际间的公路保通工作。

4. 训练有素的应急保障队伍与合理的物资及装备储备是应急管理体系的基本保障

专业的应急队伍和合理的物资装备储备是公路交通应急管理体系能力建设的基础和根本要求，是应急管理体系快速反应、高效运行的基本保障。如在抗震救灾中，各地交通部门抽调技术过硬、操作熟练的专业技术骨干组建的援川公路交通应急抢险保通突击队伍和专业应急运输队伍在保障救灾"生命线"畅通、应急物资运输过程中发挥了重要作用。又如湖北省为加强公路交通应急养护救援队伍建设和应急设备的配备，成立了湖北省公路交通应急养护中心，在全省范围内建设1个中心、10个养护分中心的布局，养护和检测基本覆盖了全省已建公路，尤其是高速公路。初步实现了应急养护监测能力现代化，应急养护管理与决策科学化，突发应急养护预防与应急反应和处理快速化，应急养护装备和资源配置配备合理化，为中国公路的应急保障能力建设做出了有益的探索。

5. 创新性地应用了一些有效的应急处置措施

除了以上经验做法以外，部分省份在应急事件处理中总结了一些行之有效的处置措施。如湖北省交通部门在抗击冰雪灾害中，依托路警共建体系，在实践中探索了"抗冰雪、保安全、公路低速行驶法"，即除雪清障、重车碾压、路警开道、结队通行、限载限速、科学调度。从实践效果看，这一套方法行之有效，对保障冰雪天气公路安全通行、减少滞留车辆发挥了至关重要的作用。

第2节 地方应急管理体系建设的情况

2.2.1 河南省交通应急工作

河南省交通运输厅在近几年冬季的交通应急管理工作中,不断总结经验、检讨不足,有很多应急工作方法值得借鉴。

1. 快速疏导,减少滞留车辆并做好滞留驾乘人员的保障工作

一旦发现交通堵塞情况,应立即上报,及时到达现场查看分析堵塞原因,并同时快速采取相关保通措施。凡交通事故处理预计超过两小时或堵车3公里以上的,路政部门要立即打开中央护栏,协助交警实行单幅双向或单幅间断放行等措施疏通车流,防止长时间堵塞。同时,在辖区内,因恶劣天气发生长时间、长距离交通堵塞的,要及时开展"紧急救援救助"活动,为被困人员提供衣服、食物、水等生活必需品。坚决做到"五个确保":一是确保不发生重大交通事故;二是确保不扩大交通事故;三是确保救援物资的顺利输送;四是确保不发生路面受困驾乘人员挨饿冻伤事件;五是确保车辆滞留时不发生治安刑事案件。

2. 密切省级协作

河南省着力建立省级协作机制,一是倡导各省界公路管理部门、各交警支队及其他有关部门要积极主动与相邻外省省界相关部门联系,建立完善省际协作机制,达成开关协议,原则上不采取封闭省界的管制措施,及时互通信息,共同疏导省界堵塞车辆。二是提出建立省界关闭提前通报机制。尤其是在高速公路方面,遇到必须关闭省界的情况要提前1小时通报,告知对方。

2.2.2 辽宁省冬季交通应急工作

1. 辽宁省应急工作的背景

辽宁省的应急工作特点在于,针对每年冬季的不同的复杂天气情况,及时推出符合当前实际的、可操作性高的交通应急预案。如针对2009年入冬以来的大雾和寒潮天气,辽宁省政府制订了《全省公路气象灾害应急预案》,以协同联动、有效应对公路灾害性天气,最大限度控制、减轻危害。在2009年的10月底,辽宁省政府应急办为更好的完成冬季交通应急工作,提前召开协调会议,就联合应对公路灾害性天气提出具体措施,成立了省公路灾害性天气应急指挥部,省委宣传部、省公安厅、交通运输厅、卫生厅、省气象局、通信管理局、省红十字会等部门同为应急指挥部成员单位,建立公路灾害性天气联合应对机制。

由于地理位置原因,辽宁省经常受大雾、寒潮、冰雹、降雪等天气影响。这些天气变化不但给公路交通运输增加很多不确定性,更带来很多的安全隐患。在天气环境复杂的情况下,辽宁省十分重视天气预警系统的建设,同时就冬季公路气象预报预警、公路气象监测资料传输和共享、气象预报预警信息的发布等工作向省气象局明确交代了任务,并做出严格分工。辽宁省在2009年启动

了《辽宁省公路气象监测预警服务系统》建设,确定了以沈山、沈大高速公路为重点,在大雾频发及车流量较大高速公路地段布设加密气象监测站的建设方案。

2. 进一步提升应急救援保障能力

辽宁省在进一步完善全省道路运输行业应对突发公共事件制度建设的同时,编制了由5项子预案组成的《全省道路运输突发公共事件总体预案》。选择10家道路货运企业和19家道路客运企业,组建了由2883台道路客货运输车辆构成的应急运输保障车队,出色地完成了北京奥运会、四川汶川地震救灾、雨雪冰冻等特殊天气情况下的应急运输保障工作任务,道路运输应急管理水平得到进一步提升。

3. 普通公路部门的应急平台及系统建设

辽宁省普通公路交通应急调度指挥中心在2008年建成并开始运行,以整合公路基础数据管理平台、公路地理信息管理平台及综合信息管理平台为基础,采用标准的视频压缩格式和无线网络传输技术建立的包括公路路况实时监控系统、交通流量统计系统、养护巡视监控系统、GPS车辆监控管理系统、面向公路管理的应急抢险指挥系统及实时综合通信平台的多功能综合调度指挥系统,并配置了14台应急指挥车辆,切实提高了普通公路交通应急指挥救援能力,实现了普通公路交通应急管理的智能化、可视化和移动化。加强汛期、雨雪冰冻等灾害性天气的公路巡查,及时发现隐患,对突发险情及时组织人力、设备,采取有效措施,及时进行抢防。高速公路管理部门依托高速公路监控指挥中心、高速公路出行信息服务系统和基层管理部门,全面加强高速公路交通应急管理工作。建立健全应急救援组织机构和服务体系,制订了覆盖范围广、可操作性强的应急救援预案和专项应急预案,组建了一支由1000多名路政、工程养护以及服务区专职应急救援人员组成的骨干队伍,开展了故障车辆免费牵引、提供油品及配件等救助服务项目,提高了应急处理能力。辽宁省省公路路政管理局通过设立"96155"路政管理与应急公开电话、实行24小时值班备勤制度等方式,规范了普通公路路政管理系统突发事件响应级次、方法和处置措施,保证了全系统突发事件的及时响应和有效处置。高速公路建设部门制订了《辽宁省高速公路工程重大安全事故救援应急特别预案》,从救援队伍、救援物资储备、预警、启动条件、救援、事故调查、事故处理等方面对高速公路建设工程项目的应急救援工作进行了明确的分工与部署,交通基础设施应急保障能力建设显著提高。

2.2.3 黑龙江省交通应急工作

1. 设立8个省级安全生产应急救援基地

黑龙江省政府在今年12月,增设8个省级安全应急救援基地。依托国有和地方重点企业、航运等部门应急救援基地,根据地理位置、交通条件、灾害特点、救援能力和救援半径等条件,救援队伍快速反应、及时有效处理突发事故的需要,加强全省救援基地建设,使得全省范围协调、指挥能力和救援能力大幅度提高,很好地协调配合了公路交通运输系统的综合应急工作。同时,对现有专业队伍进行布局调整和装备补充更新,推进以矿山救护、危险化学品应急救援、水上搜救等为核心的专业队伍建设。完善水上搜救力量布局,补充更新救援设备,依托省航运救捞站建立水路交通应急救援基地,进一步提升全省安全生产事故应急处置能力。

2. 相关配套工作

黑龙江省尤为重视冬季公路交通应急工作,目前正研究出台《冬季道路交通应急预案》,针对冬季的严寒恶劣条件和路况,更及时、更完善地发布预警信息,更科学合理地实施交通管制,保证车辆通行安全,做好突发事件的应对工作,最大限度地杜绝交通事故发生。在对突发事件中的伤亡救治方面,黑龙江省交通运输厅与公安、旅游、卫生等部门联合作业,并与部分公路周边的医院建立应急救援协议,能够及时实施医疗救护。在2010年5月,黑龙江省血液制品应急储备中心正式成立,成为在国家卫生部备案的第一个血液制品专业供应与应急储备机构。不仅保障了突发事件中伤亡人员的医疗用血需求,更增加了黑龙江省公路交通系统的应急管理工作的救援效率和质量。

2.2.4 内蒙古自治区交通应急工作

1. 深入排查突发公共事件的风险隐患

内蒙古省交通运输厅结合自治区实际,组织力量认真开展突发公共事件风险隐患的排查工作,全面掌握本地区、本行业各类风险隐患的具体情况,进而建立分级、分类管理制度,落实综合防范和处置措施,实行动态管理和监控。通过风险隐患的排查,把有可能发生突发事件的因素逐一列出,分类汇总,并将这些因素与应急预案中的防范措施一一对应。对可能引发突发公共事件的风险隐患,组织力量限期治理,真正做到未雨绸缪,防患于未然,特别是对位于城市和人口密集地区的高危企业,不符合安全布局要求、达不到安全防护距离的,要依法采取强制措施,尽快消除隐患。加强对影响社会稳定因素的排查处理,认真做好预警报告和快速处置工作。把风险隐患排查工作延伸到基层,督促社区、乡村、企业、学校经常开展隐患摸排,把问题解决在萌芽状态。

2. 积极做好突发公共事件的信息报告和预警工作

内蒙古严格执行国家和自治区关于突发公共事件信息报告和预警制度,确保信息报告渠道畅通和高效运转,为积极有效应对突发公共事件创造条件。进一步建立健全应急信息报告制度,明确各级人民政府为信息报告的责任主体,及时向上级人民政府及业务主管部门报告本地区发生的突发事件,确保信息及时、准确。尤其是特别重大和重大突发公共事件发生后,必须在规定时间内报告自治区人民政府。对迟报、漏报甚至瞒报、谎报行为要依法追究有关人员责任。同时,要通过建立公众报告、举报奖励制度,设立基层信息员等多种方式,不断拓宽信息报告渠道。

建立健全各级人民政府组织协调、有关部门和单位分工负责的突发公共事件预警系统,建立预警信息通报和发布制度,充分利用广播、电视、互联网、手机短信、电话、宣传车等各种媒体和手段,及时发布预警信息,使广大群众能够及时掌握自己所面临的安全形势。

3. 稳步推进应急信息平台体系建设和各类应急资源的统筹管理

目前,内蒙古许多地区、部门和单位已经建立了应急信息平台,但由于缺乏统一规划和衔接,未能充分发挥作用。基于上述情况,目前内蒙古应急信息平台的建设重点在以下几方面。

第一,稳步推进应急指挥平台建设。在统一完善各专业应急平台基本功能的基础上,依托自治区政务信息网络,规范技术标准,实现自治区人民政府与国务院、自治区各有关部门和单位应急机构间的相互对接、互联互通和信息共享。同时,积极创造条件,促进应急信息平台建设,初步形成统一、高效的应急决策指挥系统。自治区人民政府办公厅要会同有关部门和单位,深入实地开展调查研究,尽快摸清自治区各有关部门和单位应急信息平台建设的基本情况,提出自治区应急信息平台建设方案,按程序报有关部门审批立项;自治区财政厅要根据建设方案,提出资金安排意见。此外,自治区各有关部门和单位要积极配合基础数据库建设,加强对有关技术资料、历史资料的收集整理,为应急信息平台建设提供数据支撑,并为妥善应对各类突发公共事件提供可靠的基础数据。

第二,积极推进包括公安、人防、医疗急救、市政抢险等紧急信息接报平台的整合,建立"统一接报、分类分级处置"的工作机制。鉴于内蒙古紧急信息接报平台的整合工作起步较晚,特别是医疗急救、市政抢险等多部门、多行业间的整合方式需进一步摸索,自治区公安厅应从内部警务改革的角度,认真总结实行"110"、"119"、"122"三台合一的工作经验,为自治区紧急信息接报平台的整合提供借鉴和帮助。此外,各地要积极开展非紧急信息接报平台整合的研究和探索,实现紧急、非紧急信息接报的分离和互为备份,进一步提高应急处置的效能。

按照国家统一部署,积极建立应急资源储备制度,在对现有各类应急资源普查和有效整合的基础上,统筹安排应急处置所需物料、装备、通信器材、生活用品等物资和紧急避难场所以及运输能力、通信能力、生产能力和有关技术、信息的储备。加强对储备物资的动态管理,保证及时补充和更新。建立重要物资监测网络及应急物资生产、储备、征调和紧急配送体系,保证应急处置和恢复重建工作的需要。充分发挥社会各方在应急物资生产和储备方面的作用,实现社会储备与专业储备的有机结合,推动应急储备工作不断深化。

4. 缜密组织应急救援队伍建设和强化应急培训工作

各地区、各有关部门和单位要按照自治区突发公共事件总体应急预案的规划和要求,积极主动做好组建和完善应急救援队伍工作。按照"军民结合、自救和互救结合"的原则,进一步建立健全以公安、武警、军队、预备役民兵为骨干,专业应急队伍各负其责、互为补充,企业专兼职救援队伍和社会志愿者共同参与的应急救援体系。从自治区实际出发，集合各方技术力量，合理布局高水准的专业应急救援队伍，改善技术装备，强化培训演练，以保证特殊应急事件的救援需要。大中型企业特别是高危行业的企业，必须建立专职或兼职应急救援队伍，在完成本企业应急救援任务的同时，积极参与社会应急救援，逐步向社会化应急救援机制过渡。建立应急救援专家队伍，充分发挥应急专家、学者的专业特长和技术优势。研究制定动员和鼓励志愿者参与应急救援工作的办法，加强对志愿者队伍的招募、组织和培训。进一步强化应急培训工作，按照"统一管理、分级培训"的原则，明确培训内容、标准和方式，充分运用多种方法和手段，务求培训工作收到实际效果。自治区将尽快出台应急培训的具体办法，各级应急管理部门也要加强对应急管理培训工作的组织和指导。

5. 全面提高基层应急管理工作的水平

基层应急管理工作，要以社区、乡村、学校、企业为重点，紧紧依靠广大人民群众，夯实基础、扎实推进，不断提高基层应对各类突发公共事件的能力。要充分发挥基层组织在应急管理中的作用，进一步明确行政负责人、法定代表人、社区和村级组织负责人在应急管理中的职责，确定专（兼）职工作机构和人员，增强在第一时间预防和处置各类突发公共事件的意识和能力。城市的社区和农村牧区的嘎查村要针对群众生活中可能遇到的突发公共事件，采取切实有效的应急措施，制定各项规章制度，经常性地开展应急知识宣传，做到家喻户晓；嘎查村的主要行政负责人是应急管理工作的第一责任人，要从各自的实际情况出发，有针对性地做好应急管理工作，实现应急工作与常态工作相互促进，做到既有专人负责，又有兼职队伍，以确保突发事件发生时及时有效地应对和处置。同时，要结合社会主义新农村新牧区建设，因地制宜开展应急基础设施建设，努力提高应对突发事件的能力和水平，并充分发挥城镇应急救援力量的辐射作用；各类学校要在不断完善应急预案和加强校园安全工作的同时，积极开展公共安全知识和应急防护知识的教育普及，增强公共安全意识，提高自救、互救能力；企业要切实落实法定代表人负责制和安全生产主体责任，做到有预案、有救援队伍、有联动机制、有善后措施。各级人民政府及相关部门要加强对基层单位应急管理工作的指导和检查，及时协调解决人力、物力、财力等方面的问题，促进基层应急管理水平的全面提高。

6. 科学处置突发公共事件和妥善安排善后工作

突发公共事件发生后，事发单位和负有管理职责的部门要根据预案的规定，立即采取有效措施，迅速开展现场处置工作，并按规定及时报告当地人民政府。按照属地管理为主的原则，事发地人民政府要统一组织领导和协调应急处置工作，积极调动有关救援队伍和力量开展救援工作，防止次生、衍生灾害的发生。同时，要迅速向上级人民政府报告有关情况，并做好受影响群众的基本生活保障和事故现场的环境保护工作。应急处置结束后，要会同上级有关部门及时组织受影响地区恢复正常生产、生活和社会秩序，并依据有关法律法规及时开展事故调查处理工作，查明原因，依法依纪处理责任人，总结事件教训，制定整改措施并督促落实。要全面加强突发公共事件的评估和统计分析工作，建立健全突发公共事件的评估分析制度,研究制定客观、科学的评估分析方法。各地区、各有关部门和单位要加强对应急统计分析工作的管理,完善分级分类标准,明确责任部门和人员,及时、全面、准确地统计各类突发公共事件发生起数、伤亡人数、造成的经济损失等相关情况,并将其纳入经济社会发展统计指标体系。

第3节 公路交通应急管理存在的问题

长期以来在我国公路发展过程中更为关注速度和规模的增长,公路的管理水平和服务能力相对滞后,有效应对突发应急事件的能力尤为不足。公路交通应急管理中存在的问题主要表现在以下几方面。

1. 应急预案体系不健全,专项预案可操作性不强

建立科学可行的应急预案体系,是加强公路交通应急管理工作的重要基础。虽然目前交通系统初步形成了公路交通应急预案体系,但针对公路,尤其是普通干线的应急预案还有待进一步完善,缺乏层级相互匹配、内容相互衔接的各种专项处置预案。同时现有公路交通应急预案总体上原则性要求多,可操作性不强,缺乏常态性演练,导致预案启动后反应不及时,协调不顺。

2. 应急管理工作尚未常态化,应急管理体制不健全

目前全国交通系统,从交通运输部到地市交通部门均未建立日常应急管理机构,也没有专职的应急管理人员,日常工作主要由某个部门代管,无法与公路网络日常管理业务相结合,不利于应急管理工作的有效开展和应急管理长效机制的建立。同时,由于缺乏全国性公路交通应急协调调度机构,跨区域路网协调难度大,应急资源难以形成合力,未能充分发挥公路网络的规模效应。

3. 缺乏有效的沟通协调机制,应急处置效率低下

一是部省之间缺乏强有力的应急协调机制。交通运输部尚未实现对全国公路运营体系的全面监控,导致应急状态下信息不畅,无法实现及时的部省会商和区域应急协调指挥调度。二是省际之间信息共享、应急联动机制尚未形成。各省之间各自为政,应急情况缺乏信息沟通和共享,无法实现及时反应、相互支持、协同作战、应急联动。如2008年雨雪冰冻灾害中,由于省际间缺乏信息沟通和协调,陕西境内封闭西潼高速造成了河南境内20多公里的堵车,四川省封闭公路造成陕西境内70多公里的堵车,河南省公路封闭造成陕西境内20多公里的堵车。三是交通部门与其他部门之间的协调配合亟待加强。大多数的省份都无法实现区域内公路的统一指挥和调度,无法形成与气象、交警等相关部门的信息共享与沟通以及应急状态下部门间的相互配合和协调联动。

4. 交通资源缺乏有效整合,应急处置队伍的专业化水平有待提高,应急管理资金尚无保障

一是交通部门尚未建立专业的公路交通应急队伍。主要由日常养护队伍组成的公路交通应急抢通队伍,缺乏应急处置的技术措施和经验,尤其缺乏专

业人才和技能人才，应急处置的专业化程度有待进一步提高。二是应急物资和设备分级分类储备体系尚未建立，物资及设备的数量和种类不能满足应急需要，同时布局不够合理，调运不及时。三是应急信息和通信保障能力有待提高。信息采集能力弱，信息资源利用率不高，信息资源缺乏整合，缺乏信息共享机制。四是应急管理资金没有保障，缺乏用于应急人员培训、物资和设备购置、应急演练、征用补偿的专项资金。

本章主要介绍了我国公路交通应急管理体系建设的总体情况和各地方应急管理建设的具体情况，通过分析研究找出了公路交通应急管理存在的普遍问题，为今后公路交通应急管理体系的建立提供了经验。

1. 目前我国公路交通应急管理发展现状如何？
2. 内蒙古自治区公路交通应急管理工作重点有哪几个？
3. 当前公路交通应急管理存在最大的问题是什么？为什么？

公安部交管局要求加强汛期交通应急管理

2011年6月27日，当前全国已进入汛期，强降雨天气逐渐增多。为确保汛期全国主要道路安全畅通，不发生长时间、长距离交通拥堵，不发生群死群伤重特大道路交通事故，日前，公安部交通管理局发出通知要求，各地交通管理部门切实做好应急准备，加强重点路段管控，依托区域警务协作机制确保汛期全国主要道路安全畅通。

切实做好应急准备。各地要在总结近年来汛期交通应急管理工作的基础上，进一步调整、充实、完善汛期交通应急管理工作预案，增强预案的针对性和可操作性。要成立汛期交通应急管理领导机构，加强汛期交通应急管理工作的组织领导和指挥协调。要加强与气象部门的沟通，及时掌握天气变化，确定大范围降雨天气影响的重点地区、重点道路，指导相关地区加强应急准备。

及时消除安全隐患。各地要会同安全监管、交通运输、建设等部门,对辖区道路危险路段、易漫水路桥、易积水和塌方路段开展一次隐患排查,并报请政府进行治理,消除交通安全隐患。对短时间不能完成治理的,要尽快设置警示标志,增设交通安全设施,改善道路通行条件。对降雨期间不具备安全通行条件的,要限制车辆通行,并协调交通运输部门暂停或调整客运班线,全力预防重特大道路交通事故。

加强重点路段管控。各地要根据辖区降水情况,适时启动应急机制,增加执勤警力,提高勤务等级,加强主干高速公路和主要国省道的巡逻管控,全力指挥疏导过往车辆,确保运送抢险救灾人员、物资和设备的车辆优先通行。巡逻执勤时发现道路水毁、山体滑坡、公路塌方等突发情况的,要立即通报防汛、交通运输部门修复,并做好滞留车辆的分流疏导,确保不发生长时间、长距离交通拥堵。对于因降雨受困的客运车辆,要协调民政等部门全力救助受困群众并保障饮食供应。

严管车辆通行速度。各地要加强降雨期间的车辆速度管控,及时在公路可变情报板、可变限速标志、车载电子显示屏发布限速提示,并通过交通广播以及巡逻喊话等方式,提示过往车辆保持安全车速。要在弯道、坡道、隧道等交通事故易发、多发路段增设限速标志,在车道施划减速、限速提示语,增加振动减速带,提醒驾驶人合理控制行驶速度。对于交通流量较小的漫水路段,可以通过渐进摆放锥桶的方式将多条车道压缩为一条车道,引导车辆安全有序通行。要在事故易发、多发路段增加测速点,充分利用固定监控设备和移动测速设备,综合运用定点测速、区间测速方法,加大执法力度。增加振动减速带,提醒驾驶人合理控制行驶速度。对于交通流量较小的漫水路段,可以通过渐进摆放锥桶的方式将多条车道压缩为一条车道,引导车辆安全有序通行。要在事故易发、多发路段增加测速点,充分利用固定监控设备和移动测速设备,综合运用定点测速、区间测速方法,加大执法力度。

加强区域警务协作。各地要依托区域警务协作机制,加强协调配合,相邻交警总队、支队和大队要定时互通信息,实行联勤联动,联合指挥疏导交通。因强降水导致交通中断时,要全线联动,通过远端控制、多点分流等措施,及时疏导滞留车辆。要严格关闭高速公路省际主线站的条件和程序,对于因道路水毁、山体滑坡、公路塌方导致交通中断确需关闭省际高速公路的,由发生地交警总队在征求受影响邻省交警总队意见后决定,并迅速组织疏导分流,防止省际间发生长时间、长距离交通拥堵。

广泛开展宣传提示。各地要实时掌握持续性大范围降雨天气情况及道路通行信息,通过广播、电视、互联网、手机短信及电子显示屏等,及时向社会发布路况信息,开展出行交通安全提示,引导驾驶人选择合适的时间、线路出行。

高速公路交通应急管理程序规定

第一章 总 则

第一条 为加强高速公路交通应急管理,切实保障高速公路交通安全畅通和人民生命财产安全,有效处置交通拥堵,根据《中华人民共和国道路交通安全法》及其实施条例、《中华人民共和国突发事件应对法》的有关规定,制定本规定。

第二条 因道路交通事故、危险化学品泄漏、恶劣天气、自然灾害以及其他突然发生影响安全畅通的事件,造成高速公路交通中断和车辆滞留,各级公安机关按照本规定进行应急处置。

第三条 高速公路交通应急管理工作应当坚持以人为本、统一领导、分工负责、协调联动、快速反应、依法实施的原则,将应急救援和交通疏导工作作为首要任务,确保人民群众生命财产安全和交通安全畅通。

第四条 各级公安机关要完善高速公路交通应急管理领导机构,建立统一指挥、分级负责、部门联动、协调有序、反应灵敏、运转高效的高速公路交通应急管理机制。

第五条 各级公安机关应当建立高速公路分级应急响应机制。公安部指导各级公安机关开展高速公路交通应急管理工作,省级公安机关指导或指挥本省(自治区、直辖市)公安机关开展高速公路交通应急管理工作,地市级以下公安机关根据职责负责辖区内高速公路交通应急管理工作。

第六条 各级公安机关应当结合实际,在本级人民政府统一领导下,会同环境保护、交通运输、卫生、安全监管、气象等部门和高速公路经营管理、医疗急救、抢险救援等单位,联合建立高速公路交通应急管理预警机制和协作机制。

第七条 省级公安机关应当建立完善相邻省(自治区、直辖市)高速公路交通应急管理协调工作机制,配合相邻省(自治区、直辖市)做好跨省高速公路交通应急管理工作。

第八条 各级公安机关交通管理部门根据管理体制和管理职责,具体负责本辖区内高速公路交通应急管理工作。

第二章 应急准备

第九条 根据道路交通中断造成车辆滞留的影响范围和严重程度,高速公路交通应急响应从高到低分为一级、二级、三级和四级应急响应级别。各级公安机关应当完善高速公路交通管理应急预案体系,根据职权制定相应级别的应急预案,在应急预案中分别对交通事故、危险化学品泄漏、恶劣天气、自然灾害等不同突发情况做出具体规定。

第十条 各级公安机关应当根据高速公路交通应急管理实际需要,为高速公路公安交通管理部门配备应急处置的有关装备和设施,完善通讯、交通、救援、信息发布等装备器材及民警个人防护装备。

第十一条 公安部制定一级响应应急预案,每两年组织一次演练和培训。省级公安机关制定二级和三级响应应急预案,每年组织一次演练和培训。地市级公安机关制定四级响应应急预案,每半年组织一次演练和培训。

第十二条 跨省(自治区、直辖市)实施交通应急管理的应急预案应由省级公安机关制定,通报相关省级公安机关,并报公安部备案。

跨地市实施交通应急管理的应急预案应由地市级公安机关制定,通报相关地市级公安机关,并报省级公安机关备案。

第三章 应急响应

第十三条 道路交通中断24小时以上,造成车辆滞留严重影响相邻三个以上省(自治区、直辖市)高速公路通行的为一级响应;道路交通中断24小时以上,造成车辆滞留涉及相邻两个以上省(自治区、直辖市)高速公路通行的为二级响应;道路交通中断24小时以上,造成车辆滞留影响省(自治区、直辖市)内相邻三个以上地市辖区高速公路通行的为三级响应;道路交通中断12小时以上,造成车辆滞留影响两个以上地市辖区内高速公路通行的为四级响应。

第十四条 各级公安机关接到应急事件报警后,应当详细了解事件情况,对事件的处置时间和可能造成的影响及时作出研判。在确认高速公路交通应急管理响应级别后,应当立即启动相应级别的应急预案并明确向下一级公安机关宣布进入应急状态。各级公安机关在宣布或者接上级公安机关命令进入应急状态后,应当立即部署本级相关部门或相关下级公安机关执行。

第十五条 一级响应时,公安部启动一级响应应急预案,宣布进入一级应急状态,成立高速公路交通应急管理指挥部,指导、协调所涉及地区公安机关开展交通应急管理工作,必要时派员赴现场指导工作,相关省级公安机关成立相应领导机构,指导或指挥省(自治区、直辖市)内各级公安机关开展各项交通应急管理工作。

第十六条 二级响应时,由发生地省级公安机关联合被影响地省级公安机关启动二级响应应急预案,宣布进入二级应急状态,以发生地省级公安机关为主成立高速公路交通应急管理指挥部,协调被影响地省级公安机关开展交通应急管理工作。必要时由公安部协调开展工作。

第十七条 三级响应时,省级公安机关启动三级响应应急预案,宣布进入三级应急状态,成立高速公路交通应急管理指挥部,指挥本省(自治区、直辖市)内各级公安机关开展交通应急管理工作。

第十八条 四级响应时,由发生地地市级公安机关联合被影响地公安机关启动四级响应应急预案,宣布进入四级应急状态,以发生地地市级公安机关为主成立高速公路交通应急管理指挥部,指挥本地公安机关,协调被影响地公安机关开展交通应急管理工作。

第十九条 发生地和被影响地难以区分时,上级公安机关可以指令下级公安机关牵头成立临时领导机构,指挥、协调高速公路交通应急管理工作。

第二十条 各级公安机关要根据事态的发展和现场处置情况及时调整响应级别。响应级别需要提高的,应当在初步确定后30分钟内,宣布提高响应级别或报请上级公安机关提高响应级别,启动相应级别的应急预案。

第四章 应急处置

第二十一条 一级响应,需要采取封闭高速公路交通管理措施的,由公安部作出决定;二级以下响应,需要采取封闭高速公路交通管理措施的,应当由省级公安机关作出决定,封闭高速公路24小时以上的应报公安部备案;情况特别紧急,如不采取封闭高速公路交通管理措施,可能造成群死群伤重特大交通事故等情形的,可先行封闭高速公路,再按规定逐级上报批准或备案。

第二十二条 高速公路实施交通应急管理时,非紧急情况不得关闭省际入口,一级、二级响应时,本省(自治区、直辖市)范围内不能疏导交通,确需关闭高速公路省际入口的,按以下要求进行:

(一)采取关闭高速公路省际入口措施,应当事先征求相邻省级公安机关意见;

(二)一级响应时,需要关闭高速公路省际入口的,应当报公安部批准后实施;

(三)二级响应时,关闭高速公路省际入口可能在24小时以上的,由省级公安机关批准后实施,同时应当向公安部上报道路基本情况、处置措施、关闭高速公路省际入口后采取的应对措施以及征求相邻省级公安机关意见情况;24小时以内的,由省级公安机关批准后实施;

(四)具体实施关闭高速公路省际入口措施的公安机关,应当每小时向相邻省(自治区、直辖市)协助实施交通管理的公安机关通报一次处置突发事件工作进展情况;

(五)应急处置完毕,应当立即解除高速公路省际入口关闭措施,并通知相邻省级公安机关协助疏导交通,关闭高速公路省际入口24小时以上的,还应当同时上报公安部。

第二十三条 高速公路实施交通应急管理一级、二级响应时,实施远端分流,需组织车辆绕道相邻省(自治区、直辖市)公路通行的,按以下要求进行:

(一)跨省(自治区、直辖市)组织实施车辆绕道通行的,应当报省级公安机

关同意,并与相邻省级公安机关就通行线路、通行组织等有关情况协商一致后报公安部批准;

(二)组织车辆绕道通行应当采取现场指挥、引导通行等措施确保安全;

(三)按照有关规定发布车辆绕道通行和路况等信息。

第五章　现场处置措施

第二十四条　重特大交通事故交通应急管理现场处置措施:

(一)启动高速公路交通应急管理协作机制,立即联系医疗急救机构,组织抢救受伤人员,上报事故现场基本情况,保护事故现场,维护现场秩序;

(二)划定警戒区,并在警戒区外按照"远疏近密"的要求,从距来车方向五百米以外开始设置警告标志。白天要指定交通警察负责警戒并指挥过往车辆减速、变更车道。夜间或者雨、雪、雾等天气情况造成能见度低于五百米时,需从距来车方向一千米以外开始设置警告标志,并停放警车,打开警灯或电子显示屏示警;

(三)控制交通肇事人,疏散无关人员,视情采取临时性交通管制措施及其他控制措施,防止引发次生交通事故;

(四)在医疗急救机构人员到达现场之前,组织抢救受伤人员,对因抢救伤员需要移动车辆、物品的,应当先标明原始位置;

(五)确保应急车道畅通,引导医疗、施救等车辆、人员顺利出入事故现场,做好辅助性工作;救护车辆不足时,启用警车或征用过往车辆协助运送伤员到医疗急救机构。

第二十五条　危险化学品运输车辆交通事故交通应急管理现场处置措施:

(一)启动高速公路交通应急管理协作机制,及时向驾驶人、押运人员及其他有关人员了解运载的物品种类及可能导致的后果,迅速上报危险化学品种类、危害程度、是否泄漏、死伤人员及周边河流、村庄受害等情况;

(二)划定警戒区域,设置警戒线,清理、疏散无关车辆、人员,安排事故未受伤人员至现场上风口地带;在医疗急救机构人员到达现场之前,组织抢救受伤人员。控制、保护肇事者和当事人,防止逃逸和其他意外的发生;

(三)确保应急车道畅通,引导医疗、救援等车辆、人员顺利出入事故现场,做好辅助性工作;救护车辆不足时,启用警车或征用过往车辆协助运送伤员到医疗急救机构;

(四)严禁在事故现场吸烟、拨打手机或使用明火等可能引起燃烧、爆炸等严重后果的行为。经环境保护、安全监管等部门及公安消防机构监测可能发生重大险情的,要立即将现场警力和人员撤至安全区域;

(五)解救因车辆撞击、侧翻、失火、落水、坠落而被困的人员,排除可能存在的隐患和险情,防止发生次生交通事故。

第二十六条　恶劣天气交通应急管理现场处置措施:

(一)迅速上报路况信息,包括雾、雨、雪、冰等恶劣天气的区域范围及变化趋势、能见度、车流量等情况；

（二）根据路况和上级要求，采取分段通行、间断放行、绕道通行、引导通行等措施；

（三）加强巡逻，及时发现和处置交通事故现场，严防发生次生交通事故；

（四）采取封闭高速公路交通管理措施时，要通过设置绕行提示标志、电子显示屏或可变情报板、交通广播等方式发布提示信息，按照交通应急管理预案进行分流。

第二十七条　自然灾害交通应急管理现场处置措施：

（一）接到报警后，民警迅速赶往现场，了解现场具体情况；

（二）因自然灾害导致路面堵塞，及时采取封闭道路措施，对受影响路段入口实施交通管制；

（三）通过设置绕行提示标志、电子显示屏或可变情报板、交通广播等方式发布提示信息，按照交通分流预案进行分流；

（四）封闭道路分流后须立即采取带离的方式清理道路上的滞留车辆；

（五）根据现场情况调度施救力量，及时清理现场，确保尽早恢复交通。

第二十八条　公安机关接报应急情况后，应当采取以下措施：

（一）了解道路交通中断和车辆滞留的影响范围和严重程度，根据高速公路交通应急管理响应级别，启动相应的应急预案，启动高速公路交通应急管理协作机制；

（二）按照本规定要求及时上报有关信息；

（三）会同相关职能部门，组织实施交通管理措施，及时采取分段通行、间断放行、绕道通行、引导通行等措施疏导滞留车辆；

（四）依法及时发布交通预警、分流和诱导等交通管理信息。

第二十九条　公安机关接到危险化学品泄露交通事故报警后，应当立即报告当地人民政府，通知有关部门到现场协助处理。

第三十条　各级公安机关应当在高速公路交通管理应急预案中详细规定交通警察现场处置操作规程。

第三十一条　交通警察在实施交通应急管理现场处置操作规程时，应当严格执行安全防护规定，注意自身安全。

第六章　信息报告与发布

第三十二条　需采取的应急措施超出公安机关职权范围的，事发地公安机关应当向当地人民政府报告，请求协调解决，同时向上级公安机关报告。

第三十三条　高速公路实施交通应急管理可能影响相邻省（自治区、直辖市）道路交通的，在及时处置的同时，要立即向相邻省（自治区、直辖市）的同级公安机关通报。

第三十四条　受邻省高速公路实施交通应急管理影响，造成本省（自治区、直辖市）道路交通中断和车辆滞留的，应当立即向邻省同级公安机关通报，同时向上级公安机关和当地人民政府报告。

第三十五条 信息上报的内容应当包括事件发生时间、地点、原因、目前道路交通状况、事件造成损失及危害、判定的响应级别、已经采取的措施、工作建议以及预计恢复交通的时间等情况,完整填写《高速公路交通应急管理信息上报表》。

第三十六条 信息上报可通过电话、传真、公安信息网传输等方式,紧急情况下,应当立即通过电话上报,遇有暂时无法查清的情况,待查清后续报。

第三十七条 高速公路实施交通应急管理需启动一级响应的,应当在初步确定启动一级响应1小时内将基本信息逐级上报至公安部;需启动二级响应的,应当在初步确定启动二级响应30分钟内将基本信息逐级上报至省级公安机关;需启动三级和四级响应的,应当及时将基本信息逐级上报至省级公安机关。公安部指令要求查报的,可由当地公安机关在规定时间内直接报告。

第三十八条 各级公安机关应当按照有关规定在第一时间向社会发布高速公路交通应急管理简要信息,随后发布初步核实情况、政府应对措施和公众防范措施等,并根据事件处置情况做好后续发布工作。对外发布的有关信息应当及时、准确、客观、全面。

第三十九条 本省(自治区、直辖市)或相邻省(自治区、直辖市)高速公路实施交通应急管理,需采取交通管制措施影响本省(自治区、直辖市)道路交通,应当采取现场接受采访、举行新闻发布会等形式通过本省(自治区、直辖市)电视、广播、报纸、网络等媒体及时公布信息。同时,协调高速公路经营管理单位在高速公路沿线电子显示屏滚动播放交通管制措施。

第四十条 应急处置完毕,应当迅速取消交通应急管理等措施,尽快恢复交通,待道路交通畅通后撤离现场,并及时向社会发布取消交通应急管理措施和恢复交通的信息。

第七章 评 估 总 结

第四十一条 各级公安机关要对制定的应急预案定期组织评估,并根据演练和启动预案的情况,适时调整应急预案内容。公安部每两年组织对一级响应应急预案进行一次评估,省级公安机关每年组织对二级和三级响应应急预案进行一次评估,地市级公安机关每半年对四级响应应急预案进行一次评估。

第四十二条 应急处置结束后,应急处置工作所涉及的公安机关应当对应急响应工作进行总结,并对应急预案进行修订完善。

第八章 附 则

第四十三条 违反本规定中关于关闭高速公路省际入口、组织车辆绕行分流和信息报告、发布等要求,影响应急事件处置的,给予有关人员相应纪律处分;造成严重后果的,依法追究有关人员法律责任。

第四十四条 本规定中所称"以上"、"以下"、"以内"、"以外"包含本数。

第四十五条 高速公路以外的其他道路交通应急管理参照本规定执行。

第四十六条 本规定自印发之日起实施。

第 3 章 国外应急管理体系比较分析

近年来,国际范围内的危机事件发生的频率亦呈上升趋势,对于应急管理很多国家已经建设了相对完备的体系。

第 1 节 美国应急管理体系

3.1.1 应急管理体系框架

美国是世界上最为重视应急管理的国家之一,它的应急管理体系有两个特点:一是组织机构完备,职能明确;二是极其重视预警系统建设。

美国的应急管理体系基本与其行政管理体制相对应,可以分为纵向和横向两个方面。从纵向来看,国家有联邦国土安全部、国家安全委员会、FEMA、联邦调查局、中央情报局及一些辅助性机构,各州有灾害预防应对办公室,各郡县有应急通信指挥中心;从某一地区的横向具体操作层面来看,又可分为包括911紧急救助服务系统在内的应急通信指挥中心,独立的消防和紧急救助机构,以及包括医院在内的各类医疗救治中心等各类操作机构。无论是纵向还是横向都有明确的机构在发挥着重要作用,充当着应急管理的协调、组织、实施等角色。如FEMA就是一个从中央到地方,统合政、军、警、消防、医疗、民间组织及市民等一体化指挥、调度,并能够动员一切资源进行法治管理的体系。

3.1.2 应急管理法律体系

美国的应急管理体制发展深受美国法治社会制度的影响,从形成时就有坚实的法治基础。1950年,美国国会通过的《灾难救济法》是美国应急管理的制度性立法,授权总统可以宣布灾难状态。进入20世纪60年代,美国自然灾害频繁发生,1968年,制定了《全国洪水保险法》,创立了全国洪水保险计划,将保险引入救灾领域。1988年,国会通过了《斯坦福灾难救济与紧急援助法》,规定了紧急事态宣布程序,明确公共部门救助责任,强调了减灾和准备职责的重要性,概述了各级政府间的救援程序。"9·11"事件发生后,美国国会通过了《国土安全法》。此外,还有《公共卫生安全与生物恐怖主义应急准备法》、《综合环境应急、赔偿和责任法案》等。制定的行政命令包括12148号、12656号、12580号行政命令及国土安全第5号总统令和国土安全第8号总统令。在各地方政府也还有相关的法规。这样通过议会立法和总统行政命令,以及地方性法规就形成了比较健全的应急管理法律体系。

3.1.3 应急管理组织体系

美国建立了联邦、州、县、市、社区5个层次的管理与响应机构,形成一个比较完善的应急管理组织体系。在联邦政府层面,有国土安全部及派出机构;在州政府层面,各州均设有应急管理机构;在地方政府层面,州下面的各级地方政府一般都设有应急管理中心。

(1)国土安全部。国土安全部是美国最高的应急管理机构,它是在"9·11"事件后由联邦政府22个机构合并组建,工作人员达17万人,每年政府预算为400亿美元。原负责紧急事务的联邦应急管理署(FEMA)于2003年并入国土安全部,但该局仍可直接向总统报告,是国土安全部中最大的部门之一,局长继续由总统任命,每年有25亿美元紧急事件响应基金列入联邦政府预算。联邦应急管理署的主要职责是:通过应急准备、紧急事件预防、应急响应和灾后恢复等全过程应急管理,领导和支持国家应对各种灾难,保护各种设施,减少人员伤亡和财产损失。

(2)州、县、市应急管理机构。美国各个州、县、市建有应急管理机构,负责辖区内突发事件的处置,是本区域紧急事件的指挥中心。州应急管理机构,主要负责处理州一级危机事件,负责制定州一级的应急管理和减灾规划,监督和指导地方应急机构开展工作,组织动员国民卫队开展应急行动,重大灾害及时向联邦政府提出援助申请。县、市应急管理机构主要负责处理辖区范围内危机事件,负责制定县、市一级的应急管理和减灾规划,监督和指导地方应急机构开展工作,重大灾害及时向州政府、联邦政府提出援助申请。

(3)社区应急服务机构。美国的城市由很多社区性质的小城镇组成,在这些小城镇中设有大量志愿者性质的应急服务机构。这些机构一般都拥有自己的办公场所、车辆、通信器材及各种应急设备,且与城市消防、公安、卫生等部门有着密切的联系,协同开展工作。这些机构负责社区范围内应急宣传与培训,发生突发事件时,可以进行先期处置,配合专业部门开展救援工作。

3.1.4 应急管理机制

美国的应急管理机制以相互协作、密切配合、反应快速为特征。主要包括:通过设定危机类别和等级进行风险提示的预警机制;通过网络建立的信息共享机制;通过明确分工,制定应急计划,建立统一指挥中心形成应急决策与处置机制;通过与民间组织、工商企业、社会组织专业技术人员乃至国际组织签订协议形成广泛的社会动员机制;针对重大灾害设立新闻发言人及时向社会报告事件进展的信息发布机制;以灾民自救、政府帮扶、市场组织、社会团体、国际组织等多方参与的善后恢复机制以及专业机构在科学的评价体系、评估指标指导下针对应急管理全过程进行的调查评估机制等。其基本特点是:统一管理、属地为主、分级响应、标准运行。

（1）"统一管理"是指自然灾害、技术事故、恐怖袭击等重大突发事件发生后，一律由各级政府的应急管理部门统一调度指挥，而平时与应急准备相关的工作，如培训、宣传、演习和物资与技术保障等，也归口到政府的应急管理部门负责。

（2）"属地为主"是指，无论事件的规模有多大，涉及范围有多广，应急响应的指挥任务都由事发地的政府来承担，联邦与上一级政府的任务是援助和协调。

（3）"分级响应"是指应急响应的规模和强度。在同一级政府的应急响应中，可以采用不同的响应级别，确定响应级别的原则：一是事件的严重程度，二是公众的关注程度。

（4）"标准运行"主要是指，从应急准备一直到应急恢复的过程中，要遵循标准化的运行程序，包括物资、调度、信息共享、通信联络、术语代码、文件格式乃至救援人员服装标志等，都要采用所有人能识别和接受的标准，以减少失误，提高效率。

3.1.5 应急信息系统

美国联邦应急管理署通过实施"e—FEMA"战略，建立了应急信息系统层次结构模型，不仅使各类应急信息系统的信息资源能得到及时更新，还能促进不同系统之间的信息资源共享，为应急决策过程提供技术支持。目前，在美国得到广泛应用的有以下3个系统。

（1）联邦应急管理信息系统。这是一个决策支持系统，综合考虑应急管理的所有阶段，主要用来管理应急管理过程中的计划、协调、响应、培训和演习事务。

（2）网络应急管理系统（Web EOC）。该系统主要用于城市开展事故管理、应急指挥调度、资源调度及文档管理。

（3）灾害损失评估系统（HAZUS）。该系统主要用于预测地震、洪水和飓风可能造成的损失以及应采取的应急措施，以便在备灾和防灾过程中，通过加强对建筑物管理，保障在灾难发生时减少人员伤亡和财产损失。

3.1.6 应急指挥中心

在美国各级政府的应急管理部门中，都建有应急指挥中心，以便发生灾难时供相应部门的人员进行指挥和协调活动。中心一般配有语音通信系统、网络信息系统、指挥调度系统、移动指挥装备、综合信息显示系统、视频会议系统、地理信息系统、安全管理系统等，并考虑安全认证容积备份和技术支持等问题。指挥中心主要作为应急基础设施存在，由政府一级的应急管理部门负责管理，除了在紧急事件发生时作为应急指挥设施外，平时还作为演习和训练的场所。

美国应急管理流程如图3-1所示，其应急救援一般采用属地原则和分级响应原则。美国国土安全部联邦紧急事务管理局（FEMA）负责全面协调灾害应急管理工作。

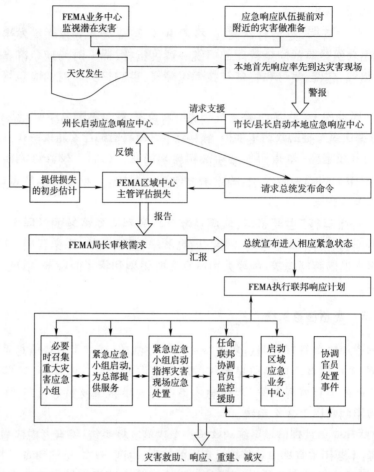

图 3-1 美国应急管理流程

如图 3-2 所示,应急管理属于政府公共服务行为,突发公共事件虽然往往发生在地方,发生在中小城市,但在处置上横向涉及绝大多数的政府部门,纵向有上下级政府系统的协同互动,同时,有些非政府组织也在应急管理中发挥重要作用。

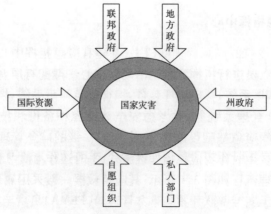

图 3-2 美国国家灾害应急网络图

第2节 俄罗斯应急管理体系

3.2.1 应急管理体系框架

俄罗斯应急管理体系有两个特点：一是形成了较为完备的应急管理立法体系；二是重视联合应急方面的协调管理。

俄罗斯应急管理体系具有"大总统"、"大安全"特色。所谓"大总统"，是指俄罗斯总统在应急管理体系中拥有比美国总统更为广泛的权力，他不仅是国家元首与军队统帅，还掌握着广泛的行政与立法权力。所谓"大安全"，是指俄罗斯设有专职国家安全战略的重要机构——联邦安全会议，该机构常设12个跨部门委员会：宪法安全、国际安全、信息安全、经济安全、生态安全、社会安全、国防工业安全、独联体安全、边防政策、居民保健、动员与动员准备和科学委员会。这12个跨部门委员会差不多囊括了国家安全的所有方面，这一强有力的中枢决策机构是俄罗斯应急管理体系的一大特色。

3.2.2 应急管理法律体系

在应急立法方面，俄罗斯政府做了大量卓有成效的工作。1994年，俄罗斯通过了《关于保护居民和领土免遭自然和人为灾害法》，对在俄生活的各国公民，包括无国籍人员提供旨在免受自然和人为灾害影响的法律保护；1995年7月，通过了《事故救援机构和救援人员地位法》，规定在发生紧急情况时，联邦政府可借助该法律协调国家各机构与地方自治机关、企业、组织及其他法人之间的工作，规定了救援人员的救援权利和责任等；1997年俄罗斯政府颁布实施了《工业危险生产安全法》，对控制工业领域的各种危机作了详细的规定；1999年制定了《公民公共卫生和流行病医疗保护法案》，主要为保障公民公共卫生安全、控制流行病发生服务；2002年通过的《紧急状态法》，对紧急状态的各种法律问题作了详细的规定。经过多年的发展，俄罗斯已经形成了较为完备的应急管理立法体系，保障应急管理走上法制化轨道。

3.2.3 应急管理组织体系

俄罗斯在灾害处理政策主要的方向不外乎是加强俄罗斯联邦紧急状态预防和响应统一国家体系（UEPRSS）和俄联邦民防、应急与减灾部（EMERCOM）的发展整合。

在联合应急方面，由21个自治共和国、6个边疆区、49个州、1个自治州、2个联邦直辖市、10个民族自治专区共89个联邦主体组成的俄罗斯联邦，共同构筑起了称之为"俄罗斯联邦预防和消除紧急情况的统一国家体系（USEPE）"的应急组织体系，这一体系包含5个基本的层次。每一个层次都有自身相应的应急职责和功能。按照所处的环境不同，它们所承担的功能分成三种情况：一是在日常准备阶段,承担诸如制定一般性紧急事件的处理预案、对周围环境的监测和对危险设施的监控以及进行应急教育培训等事务;二是在预警阶段,为应对可能发生的紧急事件做准备,比如,提前准备好随时为应急救援服务的化学药品和其他救援物资等;三是在应急阶段,启动疏散、搜寻和营救以及提供医疗服务等紧急事务功能,执行各项应急任务。近十年来,俄联邦在共同应急方面取得了很大的成绩,USEPE 的作用功不可没。长期实践过程中,"EMERCOM"已逐渐转变成俄联邦政府民防、自然灾害危机处理的首要方式,也成为国家设置灾害紧急应急系统的新开端,而对于推行俄罗斯联邦政府的紧急灾害预防和响应统一国家体系的"UEPRSS"功能则逐渐弱化。

由图 3-3 的灾害应急管理机制相关程序可知,俄罗斯在处理紧急情况时,灾区市长和州长会向地方上的"EMERCOM"请求人力和物力支持。如果情况无法被独立处理的话,"EMERCOM"会向位于莫斯科的中央救援单位、民防组织和邻近救援单位寻求协助。若遇到了国际紧急事件造成的紧急状态,俄罗斯联邦总理可动用军队应付事件。由于地方性协调工作,也使得"EMERCOM"在俄灾害应急体制上更显重要。

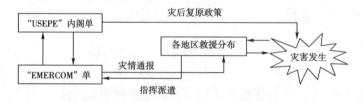

图 3-3 俄罗斯灾害应急管理机制相关程序

第 3 节 日本应急管理体系

3.3.1 应急管理组织体系框架

日本应急管理体系有 3 个特点:一是建立了完善的应急法律法规体系;二是特别重视灾害防范的研究工作;三是重视应急通信系统的建设和运用。

日本应急管理体系以法律、制度、功能为依托,以首相为最高指挥官,内阁官房负责整体协调和联络,通过安全保障会议、中央防灾会议、金融危机对策会议等决策机构制定危机对策,由国土厅、气象厅、防卫厅和消防厅等部门根据具体情况配合实施。日本的应急管理体系大体分为国家、都道府县、市町村和居民 4 个层级。

3.3.2 应急管理组织体系

在应急管理的组织方面,日本建立起了以内阁首相为最高指挥官,由内阁官房负责总体协调、联络,并通过安全保障会议、阁僚会议或内阁会议、中央防灾会议等决策机构制定危机对策,由警察厅、防卫厅、海上保安厅、消防厅等各省厅、部门根据具体情况予以配合的高度严密、科学高效的组织体系。

如图3-4所示,日本的应急管理组织体系分为中央、都道府县、市町村三级制,各级政府在平时召开灾害应对会议,在灾害发生时成立相应的灾害对策本部。为了进一步提升政府的防灾决策和协调能力,进入21世纪后,日本政府将原国土厅、运输厅、建设省与北海道开发厅合并为国土交通省,把原来设在国土厅内的"中央防灾会议"提升至直属总理大臣的内阁府内,并于内阁府内设置由内阁总理任命的具有特命担当(主管)大臣身份的"防灾担当大臣"。"防灾担当大臣"的职责是:编制计划;在制订灾害风险减少的基本政策时进行中心协调;在出现大规模灾害时寻求应对策略;负责进行信息的收集、传播和紧急措施的执行。此外,该大臣还担任国家"非常灾害对策本部长"以及"紧急灾害对策本部"副本部长(本部长由内阁总理大臣担任)。

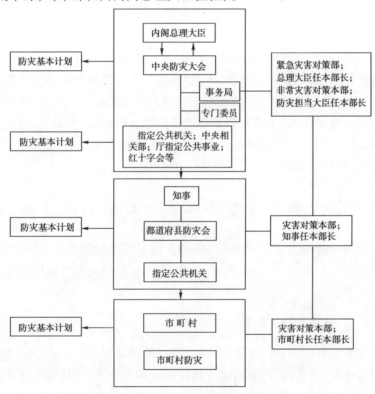

图3-4　日本应急管理体系框架

3.3.3　应急管理法律体系

日本的应急管理可谓"立法先行",相关的法律法规极为完善。早在1947年日本就出台了《灾害救助法》,在此基础上于1961年又出台了可称之为日本防灾应急体系根本大法的《灾害基本对策法》。该法自实施以来,经过多次大的调整以后,在提高政府应急管理能力方面发挥着重要的作用。按照该法规定,日本从中央到地方都必须制定相应层次的防灾计划。各级政府制定的防灾计划是应对各种突发灾害事件的重要法宝，一旦灾害"如约而至"，即可有备无患地加以应对。

3.3.4 应急管理研究体系

为了尽可能减少各种灾害带来的损失，日本政府特别重视灾害防范的研究工作，每年投入约400亿日元的专项科技研究经费，大力度促进应急科学技术的研究。日本的防灾科学技术研究所、东京大学地震研究所、京都大学防灾研究所都是世界著名的防灾科技研究机构，在一般灾害共通事项的研究、震灾对策研究、风水灾害对策研究、火山灾害对策研究、雪害对策研究、火灾对策研究、危险物灾害对策研究方面处于国际领先水平。另外，日本的不少高校开设有"危机管理"专业，专门培养高层次的防灾救灾、应急管理等方面的人才。

3.3.5 应急通信系统

日本政府还十分重视应急通信系统的建设和运用。2003年3月，中央防灾会议通过了《关于完善防灾信息体系的基本方针》，为应急信息体系建设提供重要的指导。除了已有的比较完善的气象防灾信息、流域信息系统、道路灾害信息系统以及覆盖全国的"中央灾害管理无线广播通信系统"等以外，政府与政府（G2G）、政府与公民（G2C）、政府与企业（G2B）的应急电子政务系统也已开始应用，在应急管理中发挥着不可替代的作用。

第4节 国外应急管理体系经验分析及启示

国外公路交通应急及运输保障体系的发展虽历经时间不算太长，且同其他成熟的应急体系相比仍有许多不完善之处，但在突发公共事件的应对过程中仍表现出了一些特点。

3.4.1 充分发挥相关应急立法的先导作用

纵览西方发达国家的应急管理，非常重视法律保障，无论是美国、德国、日本等老牌发达国家，还是意大利、澳大利亚等新兴发达国家，其应急法律体系大都已经成形。交通应急及运输保障作为整个突发公共事件应急管理的一部分，虽然上述国家也很少为其制定专门的法律法规，但都毫无例外地在相关法律法规中有所涉及。内容包括交通应急及运输保障的预案制定、应急预警与响应、救援行动、事后处置、机构设置与职责、资源调用、各类组织与人员的义务和权利等各个相关方面。正是基于这些法律法规，国外的公路交通应急及运输保障工作能够高效、有序、稳定地开展。

3.4.2 注重交通应急计划的制定与实施

事先编制周密的交通应急计划和详细的预案是有效应对突发公共事件的

重要举措,应急计划和预案的作用在于能够有效整合全社会的人力、物力资源等,大大提高应急动员、协调和交通运输保障效率。发达国家都非常注重应急计划的制定与实施,在交通应急与运输保障方面也不例外。它们一般通过立法或其他方式明确交通应急计划,这些应急计划既有国家应急总体计划的相关规定,又有国家层面和地方层面的交通应急计划(综合与专项),甚至还包括一些重点社区和重要行业企业的交通应急计划,层次分明和种类丰富。交通应急计划的主要内容是明确交通应急及运输保障的机构与职责、规范应急行动程序、提出应急工作目标和效果标准、规划应急保障资源(人力、经费、装备、动员等)等,以最大限度提高应急工作效率,实现应急预期目标。

3.4.3 建立健全交通应急及运输保障组织体系

交通突发公共事件的频繁发生及交通应急运输在突发公共事件应对中的重要性,使得交通应急及运输保障必须依靠一套广而有效的组织机构体系实现持续、高效地运转。部分发达国家在中央政府设立了专职机构全面负责突发公共事件的交通应急工作,如美国在其运输部下设了专职负责交通运输救急的支持委员会(ESF);日本由消防厅主管全国的交通应急急救。而在地方,交通应急机构更为重要,它们是交通应急及运输保障具体事务的管理与协调主体,承担着应急现场的指挥、协调、调度以及其他相关工作。因此,上述国家在各地方基本建立了交通应急及运输保障指挥与协调等机构,专职从事交通应急工作的开展。

3.4.4 普遍建立了以ITS为基础的公路交通应急系统

突发公共事件对交通应急及运输保障的时效性要求较高,西方发达国家普遍建立了以智能交通系统(ITS)为基础的公路交通应急系统。系统包括:信息的收集、综合分析、预测、发布和事务指派等;基于地理信息系统(GIS)的基础数据库,一线联动单位可通过本地电话向联动指挥中心查询各类信息;建立针对各类突发公共事件的预案,通过对突发公共事件的评估,形成决策方案;通过有线PSTN、卫星、移动通信、互联网等各类通信手段接收各地的语音、传真等报警和上报数据,分类进行接警;根据接处警情况数据库内的内容及上报统计数据,进行挖掘分析和处理,并将结果通过基础信息交换平台向相关单位发布等。通过该系统可以实现对突发公共事件的统一接警、迅速定位、快速反应、业务联动、集中指挥与管理。

3.4.5 重视做好人力、资源、设施等多方面的保障工作

西方发达国家还很重视做好人力、资源、设施等多方面的保障工作。加大对相关应急管理人员、应急专家、应急专业人员(驾驶人员、消防人员、警察、医疗人员等)的招募和培训,对社会志愿组织与部分社区给予了重点宣传并组织应急演练。这些国家基本上建立了快速、有效、常备的应急物资保障机制,如建立应急物资(通用物资和专用物资)目录,便于应急过程中的使用、储备、征用

和调运；整合应急物资的标准；强化应急物资生产能力储备，必要时协调配置生产原料、动力等资源，紧急组织扩大生产；对大型机械工程设备、交通工具等应急物资建立预备应急物资联系跟踪制度和基础数据库，一旦发生应急需要可以就地就近征用调用等。此外，上述国家对应急物资运输调运方式和流程进行了科学组织，对应急物资的装卸、包装有明确规定；对应急运输的公路设施与其他基础设施保障给予了合理安排。

3.4.6　国外公路交通应急及运输保障的经验启示

结合当前我国交通应急及运输保障体系的现状，并综合考虑上述国家经验，可得出以下启示。

1. 组建和完善交通应急及运输保障的管理机构

我国对突发公共事件的危机管理过分依赖地方政府的行政部门和政治动员，因此，尽快建立一套完整的交通应急危机管理组织机构体系，统一组织、协调和指挥公路交通及其运输保障行动，是当前我国有效应对公路交通突发公共事件的重要保障。

2. 建立有序高效的交通应急及运输保障运行机制

根据国外的成功经验及我国的实际，有序、高效的交通应急及运输保障运行机制应包括预警机制、快速反应机制、应急报告与信息发布机制、政府协调机制、全员动员机制、财政补偿机制、"绿色通道"机制以及事后评价机制。

3. 建设公路交通应急及运输保障的两大支持体系

公路交通应急及运输保障体系能否顺利运行除要有完善的组织体制与运行机制外，还需要另外两大支持体系对其进行支撑。它们是交通应急及运输保障信息与通信系统和相关法律法规体系。

本章主要介绍了美国、俄罗斯、日本的应急管理体系，通过对比研究得出了国外应急管理体系的经验和对我国公路交通应急管理体系建立的启示。

1. 美国应急管理体系框架与日本的有何不同？
2. 美国应急指挥中心在遇突发事件时，如何处置？
3. 在应急信息保障和服务上，国外都通过哪些方式来实现？

第4章 公路交通应急管理体系框架设计

第1节 公路交通应急管理体系建设总体框架

从目前各省建立的公路交通应急管理体系来看,总体可分为应急保障能力和应急处置能力两个部分。应急保障能力主要指交通灾害发生前,交通主管部门所做的保障工作,包括交通应急预案体系建设、应急管理处置平台建设、应急队伍和物资储备建设和组织体系建设。而应急处置能力建设主要指交通灾害发生后,交通主管部门对交通灾害的及时响应和处理能力,包括应急灾害预警和评估能力、应急队伍救灾能力和应急联动协调机制,具体如图4-1所示。

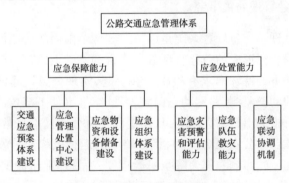

图4-1 公路管理应急体系建设内容

第2节 应急保障能力

4.2.1 交通应急预案体系

交通应急预案体系可以围绕"何时做,谁来做,做什么,如何做"四个方面,明确公路交通应急保障全过程中各环节的责任主体与职责、工作流程及其各流程间的界面和转化关系,形成面向交通运输部应急保障整体工作流程的运行机制,增强本预案的可操作性和执行力。一是提出预警的判定条件及对应的上下游信息需求,以及预警和应急响应启动、发布、终止的标志性事件,提高预警和应急响应的可操作性;二是提出交通运输部应急处置工作流程与各环节的处置措施,增加指挥与协调、应急物资调用与跨省支援和信息报送要求,明确工作界面和衔接关系;三是提出国家公路交通应急物资储备管理与补偿制度,明确国家公路交通应急物资储备调用条件与程序,提出使用补偿相关机制;四是提出交通运输部应急资源的征用补偿要求,依据"谁使用、谁补偿"的原则,明确征用补偿的申报流程,增强公路抢通和运输保障资源征用的及时性;五是提出信息发布的责任机构、内容及其与新闻发布的联系,明确交通运输部应急信息发布的渠道,体现信息发布及时、公开的要求。

同时交通应急预案体系还可以强化应急保障能力。一是增加应急队伍建设、技术支撑、资金保障三大原预案没有涉及的应急保障内容,构建完善的应急保障体系;二是针对原预案所反映出的不具体、缺乏可操作性的问题,分别从构建方式、原则、标准、功能实现、相关管理政策等角度对应急保障做出详细规定;三是合并原预案应急人员安全防护、社会力量动员与参与等内容,共同构成专业应急队伍和社会动员队伍相结合的应急处置队伍;四是结合国家应急物资储备建设情况,增加原有预案没有涉及的分级储备、上下联动、资源共享等相关内容,构建起国家、地方应急保障储备体系与联动机制,为实现省际间应急队伍、物资设备的综合协调调度,以及部省间的信息互通、视频会商,整合全行业各类应急资源集中处置特别重大的公路交通突发事件提供了基础性保障。

4.2.2 应急管理处置平台

公路路网管理与应急处置系统是以一定区域范围内的公路网为对象,在整合公路相关数据资源形成的公路管理数据平台的基础上,将公路网常态管理和服务与应急条件下的特殊需求有机融合在一起,实现公路设施的可视化管理、公路运行状态的动态监测、路网动态调度管理、突发事件下高效的应急处置、公路出行前和出行中的出行信息服务,从而全面提升公路网的日常运行管理服务水平、应急处置能力、公众服务能力,将公路网的运行效率充分发挥出来,将突发事件对公路运行的影响和损失降至最低程度,为管理部门提供公路管理决策的科学手段,为公众提供安全、畅通、便捷、舒适的公路出行服务。

4.2.3 应急队伍和物资储备

物资保障是突发事件应对的基础。《孙子兵法》中写到:"兵马未动,粮草先行。"在应急管理中,向事发地点及时提供充足的应对资源是一项重要的职能。应对物资及时快速的到达是有效应对的重要保障,没有资源的投入,应急活动往往是一句空话。

突发事件应对的物资保障涉及公民生命财产的安全与社会的稳定。例如,因剧毒化学品引发的突发事件的应对工作,如果应急物资不能及时配置,就会发生因剧毒化学品剧烈毒害性导致人的死亡,甚至造成社会的不稳定。可以说,应对物资保障是突发事件状态下民众的生命保障线。

物资保障能力是衡量突发事件应对能力的评价指标之一。从国内外应急管理工作的实践看,都将应对物资保障作为强化一个国家、一级政府、一个机构的应急能力建设的重要指标。应对物资保障与应急法律体系、应急规划、应急组织体系、应急运行机制、应急运作平台等指标都作为公共应急管理体系评价的依据。

4.2.4 应急组织体系

《公路交通突发公共事件应急预案》建立的四级应急管理体系设计突出了各级交通主管部门处置公路交通运输突发事件的主体地位,强调了上下级交通主管部门的对应关系,同时也符合我国公路交通运输管理体制现状,体现了分级负责、属地管理的基本原则。

但是以"平战结合,预防为主"为原则的应急管理需要实现常态化、制度化、规范化,而缺乏一个常设并与日常管理业务相结合的管理机构和应急物资储备中心是当前应急管理体系中的薄弱环节。因此破解公路交通应急管理能力不足的问题,首先必须在交通运输应急管理体系的框架下,坚持"应急体系能力建设基础在省,省际间联动协调职责在部,路网的高效运行在于体制建设,反应迅速的应急处置在于机制建设"的原则,构建适应公路交通管理体制的公路交通应急管理组织体系,建设上下衔接的应急管理日常机构和应急物资储备中心。

第3节 应急处置能力

4.3.1 应急灾害预警和评估能力

事实上,调查所有的突发事件及其潜在的风险是不现实的。应急事件辨识的目的就是将一些发生概率较高、危害程度大,对公路交通应急保障影响大的风险因素识别出来,并作为预案分析的主要对象。在确定和编制预案的过程中,首先需要识别所辖区域内突发事件的主要类型与影响因素,它决定了公路交通应急预案的种类、内涵以及预案的响应领域。按照自然灾害、事故灾害、公共卫生事件和社会安全事件四大类,通过分析所辖区域的历史事件发生的次数、频率以及未来经济社会、环境发展和潜在危险源或事件的特征,确定突发事件的主要类型、发生时间、分布区域、危害程度,并分析其影响因素。应急事件辨识可采用"头脑风暴法"和"德尔菲法"等定性分析方法。

4.3.2 应急队伍救灾能力

交通灾害发生时,当地政府部门是减灾、救灾的核心,是抢险救灾的第一线,因此,政府部门的应急处置能力在很大程度上决定了减灾的成功与否。突发性强、危害严重等特点决定了救灾必须及时和迅速,容不得片刻延缓,一旦耽误最佳的救灾时间,必将造成严重的后果。政府部门应急处置能力是对灾害反应多方面能力的综合,是灾害应急和管理中的重要组成部分,因此,应急队伍救灾能力体系在应急速报、应急响应、应急救援、应急保障四个方面。

应急速报是突发地质灾害的首要任务。当发生地质灾害时,所在地的乡(镇)政府应立即核查情况,并报告县市区指挥部办公室。地质灾害速报的内容主要包括地质灾害险情或灾情出现的地点和时间、地质灾害类型、灾害体的规模、可能的诱发因素、发展趋势、受威胁的人数、可能造成的损失和已采取的措施等。对已发生的地质灾害,速报内容还要包括伤亡和失踪的人数以及造成的直接经济损失。应急速报应保证准确性和时效性。

应急响应是对突发地质灾害的减灾、救灾的决定因素。快速响应的目标是迅速有效的救援活动、迅速恢复社会秩序及防止灾情进一步扩大。应急响应包括灾前警报和通知、有组织地疏散人群及财产转移、快速组织救灾、现场医疗救助和现场应急调查、灾情评估等。在这一过程中,各个环节是相互影响和作用的,各环节之间的有效与否取决于当地政府部门的组织能力和反应能力。在这一过程中,政府部门的应急救援能力是城市救灾的关键。灾害应急救援的主要目标就是抢救伤员,力求把灾害造成的损失减少到最小。灾害发生后,政府部门是否能迅速地组织专业的救援队伍投入救灾,直接影响到人员伤亡的数量。在这一过程中,救援队伍到达现场的速度成了救死扶伤的决定因素。救援时间和速度力求越快越好,因为有可能很短的几分钟就能使伤员死亡。应急救援能力是政府部门在抢险救灾过程中最关键的环节,也是救灾效果明显的体现。要有效地达到救援的目的,政府部门在灾前的准备工作非常重要,如灾前公众减灾知识的教育、应急救援演习、救援队伍综合能力的提高等,都是政府部门有效减少灾害损失的基础准备。

应急保障是政府部门有效减灾的重要依据,是提高灾害管理职能的重要手段,也是增强政府灾害应急避难能力的主要方式。应急保障是政府部门对灾害管理能力和灾害应急能力的重要体现,因此,加强政府部门的灾害应急避难能力是实现城市安全减灾的重要保障。

4.3.3 应急联动协调机制

应急响应联动机制是为保证交通应急组织体系内部协作的顺利进行,必须要有适应协作的体系结构,并充分利用这种结构承担新的功能角色。与松散的应急响应体系不同,一个基本的应急响应联动机制应是由协调指挥中心、应急保障队伍处置交通应急突发事件,形成的一个统一的密切合作体系。应急响应联动机制以应急和协作为最大特色,应具有三个特点:一是层次简单便于缩短联络程序;二是设立功能强大的协调、共享和分析中心;三是通畅的联络渠道。这种层次简单、功能明确的设置有利于提高整个系统的运转速度,高效应对突发事件。

在整个体系中,应急响应协调中心负责协调体系正常运行,同时也是信息共享、交换和分析中心,是联动系统组织管理中最重要的核心。应急响应协调中心的运行方式包括两个方面,最基本的一方面是提供安全事件的应急响应服务,另一方面在应对安全事件之外的时间主要表现为信息共享、交换和分析中心。因此,应急响应联动机制包含应急指挥能力、信息分析能力和信息共享能力三个关键因素。

1. 应急指挥能力是城市减灾的核心

应急指挥是政府部门对灾害反应能力的直接体现,关系到城市防灾、减灾的成功与否,也是减灾环节中的一个重要环节。要想保证指挥的快速、有效,建立基础的信息系统是很有必要的,它是政府部门决策的主要工具,是进行灾害救援的有效支撑工具。政府部门的应急指挥在救灾过程中非常关键,但同时也有相当的难度,这不但表现在对各个救灾部门的分工上,更重要的是表现在对各部门的协调上。各部门之间的协调在救灾、减灾中有着重要的作用,虽然在预案中规定了各部门的职责和范围,但在具体的救灾现场,由于灾害的发生范围及危害程度不是均匀分布的,有的部门在救灾过程中的救灾压力可能相对较小,但其他有些部门的担子可能相对较重,因此,在现场指挥的领导应该根据实际情况对一些布置进行相应的调整,把闲散的资源合理地分配到救灾中。救灾是一个多方面合作和参与的过程,号召社会力量参与救灾在城市减灾中具有重要的意义。灾害发生时,政府部门要全力号召社会力量参与救灾,这些力量包括城市里的一些大型公司、私营企业、个体户和城市居民等,动员大家参与救灾和支援,同时号召有能力的社会力量捐赠救灾物资等。

2. 信息分析能力是指协调指挥中心的信息整理和分析功能

信息分析是维护网络安全的一道具有一定主动性的防线。中心通过对一段时期内体系内所有组织提供的安全信息的统计分析,找出某段时间内容易发生的安全事件,并以预警信息结合预防建议的形式发布,将有效遏制类似事件的大规模发生;联动系统内事件处理的跟踪报告与安全形势分析在这方面占有重要的地位。

3. 信息共享发布机制

灾害信息的共享和发布是城市减灾的重要环节。当灾害发生后,政府部门要迅速地向社会发布灾害和抗灾救灾信息,号召社会各界积极主动地参与救灾,力求将灾害造成的损失减少到最低程度。政府部门发布灾害信息的能力直接影响到救灾的速度,信息发布的越迅速,参与救灾的力量就多,灾害造成的损失就可能减少。同时,政府部门发布的灾害信息具有权威性,可以避免社会上谣言的散布、维持社会稳定和人们的恐慌心理。积极利用当地的媒体是发布信息的主要手段,通过广播、电视、报刊等向社会公布信息,让人们第一时间了解救灾情况,可以增大人们救灾的信心,对加大政府部门的信任度有着重要的作用。

第4节 应急管理体系关键环节

通过以上研究可知,有四个关键环节在应急管理管理体系建设中至关重要,关系到应急管理体系建设是否能够取得成效,关系到公路交通应急响应能力是否快速有效,关系到人民生命安全财产是否能够得到有效救助。现将这四个因素介绍如下。

一是应急预案体系的建设。它是应急管理体系的根本,是实施应急抢险的主要依据。大多数的应急救援和抢险工作都是基于预案中规定的组织架构、应急领导小组、响应级别以及响应处理措施。因此应急预案体系是一切行动的指南,缺少它,应急处置和救援就会行动迟缓,甚至没有任何头绪。

二是应急物资装备储备体系建设。它是应急管理体系的基础,是应急抢险工作能够迅速高效的重要保障。应急物资装备储备体系是开展应急指挥工作的保证,可以实现指挥调度物资、队伍。所有应急管理信息都必须建立在物资和装备储备体系上,只有合理和完善的应急物资装备和储备体系及其平台,应急管理工作才能顺利高效开展。

三是应急管理运行机制建设。它是应急管理体系的血液,是整个应急管理工作运转的关键支撑。运行机制看起来是由一些制度组成,但真正落实是需要通过人来实现的。所以只有建立合理且可以很好运转的运行机制,才能把应急管理工作落实到位,才能使信息快速传递,才能使所有部门协调联动,才能使应急决策有效贯彻落实,才能快速开展应急抢险救援,从而确保应急管理工作的顺利实施。

四是应急队伍救灾能力建设。它是应急管理体系的终端,是保障应急救援开展顺利实施的主要工具。无论前面决策多么完备,系统多么完善,架构多么系统,最后落实到应急抢险工作是就是应急队伍的抢险能力,包括应急队伍现场救助能力,运转物资能力、现场指挥调度能力等。如果在现场抢险时,队伍无法实现快速有效救援,那么前面所做的应急保障工作将变得徒劳。因此应急队伍救灾能力是应急救援开展的最后一步,也是直接决定应急救援工作成败的关键一步。

第5节　吉林省公路交通应急体系建设

4.5.1　吉林省公路交通应急体系发展现状

1. 取得的成果

吉林省省委、省政府多年来,按照党中央、国务院部署和要求,一直高度重视应急管理工作,始终把其摆到重要位置来抓,省政府常务会议、专题会议多次研究有关应急管理方面工作,在"一案三制"建设和相关政策规划制定方面作出了一系列重要部署。各地、各部门扎实工作,狠抓落实,围绕贯彻《突发事件应对法》,完善和落实应急预案,加强应急管理体制机制建设,加大风险隐患预防和排查化解力度,有效应对各类突发事件,保障了人民群众生命财产安全,维护了社会稳定,取得了显著成绩。

(1)应急管理体系基本形成

2006年1月,吉林省政府成立了吉林省应急委员会,下设省政府应急办负责日常工作。全省市(州)、县(市)级政府相继建立了工作机构。省直、市直重点部门确定了专门应急管理办事机构,配备专兼职人员。街道乡镇、社区村屯、企业学校等基层单位也逐步建立了应急组织。目前,全省专门应急管理指挥机构已达 27 个,涵盖灾害救助、气象安全、抗震救灾、防汛抗旱、森林防火、安全生产、公共卫生、公安消防、反恐怖等领域。各地、各部门密切沟通配合,军队和地方协同联动,慈善、红十字会、青年志愿者组织等社会力量积极参与应急工作。全省分类管理、分级负责、条块结合、属地为主的应急管理体制初步建立,统一指挥、反应迅速、协调配合、高效灵活的应急管理机制不断完善,形成了政府主导、部门协调、军地结合、全社会共同参与的应急管理格局。

(2)应急管理能力明显提升

一是突发事件监测预警能力不断增强。各级政府和有关部门实行政务值班与应急管理有机结合,尤其是建立了"值班报告制度"。每日向省领导报送上一个工作日省内发生的预测预警和各类突发事件。由于信息报告准确及时,吉林省能够严格执行重特大突发事件发生后 4 小时之内向国务院报告的规定。省政府指挥中心和总值班室按照标准化建设,实现了与省公安厅指挥中心及省政府移动指挥车,直至国务院应急办的互联互通。公安、交通、森防、卫生、气象、地震等部门也建立了上至国家、下达市县的监测、报送系统。二是应急预案体系不断完善。省政府编制下发了《"十一五"期间吉林省突发公共事件应急体系建设规划》。各地、各部门也陆续编制了应急体系建设规划。目前,全省制定各级各类应急预案 6 万多件,其中省、市、县三级制定的总体预案、专项预案和部门预案 6 千多件,使突发事件应对工作有章可循、有据可依。特别是吉林省公路交通管理部门格外重视安全生产活动,在公路施工等方面,有完备的管理办法,通过技术交底等关键管理环节,彻底做到了"将责任落实到位"。真正地做到了将预案、措施与实际工作相结合。尤其在修路架桥等公路施工中,从未发生过事故。三是吉林省政府,尤其是公路交通管理部门十分重视应急演练的开展工作。2009 年以来,全省共开展各级各类应急预案演练 3900 多次,不仅次数频繁,而且所涉及的模拟情景也十分多样。起到了检验预案、锻炼队伍、宣传教育的作用。四是应急保障和平台建设不断推进。自 2006 年以来,吉林省在全国率先建立应急储备金制度,在预防和有效处置突发事件方面发挥了作用,并得到国务院的充分肯定。应急平台体系建设起步较早,是国务院确定的"十一五"国家科技支撑计划重大项目"国家应急平台体系关键技术研究与应用"示范项目十个省份之一。目前,完成了省政府应急指挥场所和基础支撑系统建设,基本建成了覆盖省、市、县三级政府和主要应急委员会成员单位的网络支撑系统,初步建成移动应急指挥平台,启动综合应用系统和数据库建设,多次受到国务院应急办表扬。省政府为各市州、长白山管委会以及省地震局配备了应急指挥车,与长春、吉林、延边三个地区合建了移动应急指挥平台。交通运输等系统建立健全了专业应急救援队伍。省及部分地方政府组建了应急管理专家组。另外,地方的应急管理工作也十分到位,通化、松原、延边等地积极开展应急保障资源调查,编制了《应急资源手册》。

(3)应对突发事件迅速有效

近年来,吉林省内相继发生了洪水导致吉化松花江水污染事件、锦江大桥垮塌事故、四平市"3·20"地震等多起突发事件。事件发生后,相关部门高度重视,主要领导亲临现场、靠前指挥、科学决策,事发地政府和相关部门快速反应、协同作战、高效运转,使突发事件得到了及时妥善处置,把灾害损失降到了最低程度。吉林省目前基本能够做到在事发之后 2 小时内到达现场。每一次事件处置都是对各级政府及其应急队伍的一次实战演练,也是对应急管理工作的实践检验。在 2008 年南方雨雪冰冻灾害发生后,吉林省行动迅速,立即组织各有关方面向灾区提供应急支援,为抗灾减灾做出了突出贡献。"5·12"特大地震发生后,吉林省同样是较早向灾区援助的省份之一。在次日(5 月 13 日),吉林省连夜组建了抢险救援、医疗和防疫队伍,紧急调用 4 架专机运抵灾区。随后又相继派出应急、民政、交通运输、通信保障、环境监测、过渡安置房建设等多支队伍奔赴灾区协调和实施救援。全省累计向灾区捐献物资总计 6300 多万元,捐款 5.21 亿元。全省共有 37 个部门和单位、27 个集体、1270 名个人受到国家和省的表扬或表彰。这些体现了吉林省应急工作的高效率和成熟度。

(4)基层应急管理工作扎实推进

认真贯彻落实国务院加强基层应急管理工作意见,以"进农村、进社区、进企业、进学校"为切入点,逐步推进基层应急管理工作。建立健全基层应急管理机构,明确基层专兼职人员。加强基层应急预案建设,全省街道乡镇、社区村屯、企业学校制定基层应急预案 5 万多件。积极开展基层突发事件风险防范和隐患排查,加强信息网络建设,畅通信息报送渠道,部分基层组织已经形成了一套较为完整的应急管理体系,在应急管理工作前沿阵地发挥了重要作用,涌现出一批基层工作典型。

(5)应急管理宣教培训工作全面开展

省政府下发了《吉林省应急管理科普宣教工作总体实施方案》,开展多种形式应急管理科普宣教工作,邀请知名的应急管理专家为省直部门领导和应急管理干部作专题讲座。省委党校、行政学院已将应急管理纳入各级领导干部学习培训内容。省政府应急办将交通系统与气象、质监、卫生等系统相结合,共同举办应急管理专题培训班。尤其各地方公路交通管理部门也都通过专家授课、培训讲座、知识竞赛、免费发放应急管理知识手册等形式,推进应急知识普及工作。

2. 存在的问题

将完善的公路交通应急管理体系与吉林省目前开展的公路交通应急开展工作进行对比,可以发现吉林省公路交通应急管理还存在一些不足之处。

(1)交通应急管理体制、预案体系不完善

目前吉林省是将公路分为高速公路和普通公路独立管理的管理模式。其中高速公路的养护、收费、路政、通信和经营分布由吉林省高速公路管理局负责,而且还与交警支队联合成立了指挥调度中心,而高速公路的建设则由吉林省高等级公路建设局负责。普通公路的收费、路政和监督管理由吉林省公路管理局负责;而普通公路的养护则在养护市场化后由县(市、区)公路管理段和养护企业负责。由此可以看出,一旦发生突发事件时,涉及的公路主管部门众多,而且本部门都有自己的一套应急处理方式,由于互相之间的工作方式不熟悉,在组织协调多个部门间的应急工作时容易懈怠,造成对整体应急处置工作的延误。

而且,虽然目前吉林省已经发布了《吉林省交通厅灾害事故及突发事件应急预案》和《吉林省普通干线公路突发事件应急预案》,但对于专项预案,如洪水、森林大火、公路中断等专项预案还没有深入研究。而这些专项预案对于灾害发生后的应急响应和应急处置非常关键,建立完善的公路交通应急预案体系对于吉林目前处置公路灾害情况是非常重要的。

(2) 公路交通应急管理与处置中心建设不完备

目前吉林省的普通公路网管理与应急水平一直处于各地自行管理和处置的状态,这种情况造成公路交通应急信息无法共享、交互和查询,应急信息发布以及应急指挥手段显得单一和落后,造成目前吉林省应急保障水平较低。而且由于没有省级交通应急指挥中心,省内公路管理、高速公路管理、运政管理等无法实时协调联动,在调动相应物资和应急保障队伍时,往往反应不及时,影响了救灾速度和应急处置能力。此外,目前还未实现超限检测站点信息系统的联网管理,无法实现数据的实时交换和共享,造成对超限运输车辆无法全过程监控和联防联治,给治超工作带来了很大困难。因此,通过建立公路交通应急管理处置中心和分中心,一方面建设的省级交通应急处置中心可以进行全省路网监控和管理,实现信息的实时交流和共享,在处置公路灾害时,形成高效、统一的公路交通应急联动协调机制;另一方面在局部发生公路灾害后,通过交通应急处置分中心统一调度地方应急队伍和资源,就可实现最快速地响应交通灾害和进行应急处置。

(3) 应急储备物资能力薄弱

目前吉林省没有建立统一的应急物资储备指挥系统,没有成立省级应急物资储备指挥机构,导致救灾过程中物资需求信息传递速度慢、物资调度困难、运输车辆需求大、救灾成本高。

目前大多数公路交通主管部门主要职责是管理,不从事业务开展,因而缺少应急特殊设备和专用物资的储备。而公路交通应急物资目前主要在公路养护企业和公路经营公司,这些单位设备陈旧、老化,维护不及时,应急处置能力大幅下降。同时还有一些特殊应急设备,如应急通信设施,大型应急救援装备专用运输车辆等非常缺乏,而这些物资设备缺乏将会严重影响了公路救灾的效率和准确性。

此外,吉林省对物资缺乏优化配置,存储设施不足、布局不尽合理。同时也没有建设物资信息库,仓储物资欠缺动态管理,缺乏物资储备监测网络,在发生重大突发事件时,往往不能及时提供应急物资和应急设备。

(4)应急保障队伍应急响应能力有待加强

目前吉林公路主管部门的应急力量主要是应对公路坍方、道路水毁、除雪铲冰等突发公路事件和负责正常的养护任务,而专业的公路交通应急管理、专业应急维修救援队伍和专业技术人才匮乏,尤其养护改革市场化,救灾主要依靠公路养护和经营公司的社会力量,这些企业抗灾自救主体意识不强、主动性不够。在突发灾害面前,没有主动承担起在抗灾的主体责任和主要作用,主动协调社会力量组织抗灾自救和承担抗灾社会责任意识不强,主要是依靠政府部门和协调军地力量帮其清雪破冰。同时少数企业还不同程度地存在抗灾救灾大局意识、服从意识不强,贯彻公路主管部门的决策不力。

这些社会力量的日常投入养护经费少,专业养护力量薄弱,公路养护机械设备严重不足,自身应对突发灾难能力极其有限等问题。此外,由于缺乏长效地保障机制,应急管理部门对车辆的管理力度弱,致使应急情况下运力集结速度慢,再加上缺乏应急专业训练,应急处置能力弱,战斗力不强。

(5)应急协调联动机制不完善

应急联动的快速反应机制需要的是以指挥中心或事件为核心的扁平结构,其运作理念是对事件直接负责。应急联动首先要实现信息联动,目前吉林省公路主管部门与其他相关部门,如高管局、运管局气象局,交警之间的信息交流不对称、不及时。这可能是出于对数据安全的考虑或对本部门地位的考虑,造成部门之间相互无法获得应急管理所需数据,有时也因为没有预算去获取相应的数据资源。此外公路交通应急主管部门与外省相关交通部门间没有进行定期的信息通报和交流,容易造成应急事件处理延误,对公路交通产生很大的影响。例如,2010年12月,由于连日降雪导致吉林全省高速公路不畅,多次出现车辆滞留现象。而辽宁、黑龙江两省突然中断高速公路行车,使吉林省大量车辆无法出境。长四高速公路在一天内滞留车辆近2000辆,滞留路段达20公里。这起事件充分显现了各省份之间的相关公路管理部门缺乏相互的沟通和协调机制,导致突发事件的进一步恶化。

应急联动还表现对人员管理方面的冲突。由于公路交通应急保障队伍来自各个部门,工资、福利、考核等还是立足于原来的管理架构,公路主管部门无法实现对所有应急人员的直接管理,因而,公路主管部门在人员管理方面缺乏必要的权威,造成应急联动系统运营维护困难。

4.5.2 吉林省公路交通应急体系健全内容

1. 公路交通应急预案体系建设

根据吉林省东部山地和中西部平原的地势特点。在目前已制定的总体预案基础上,从针对性和操作性上制定突发事件发生时的前期准备、组织实施和后期保障相关流程,制度突发事件专项预案。针对吉林省现有情况,应制定突发洪水自然灾害公路交通应急专项预案、突发暴雪自然灾害公路交通应急专项预案、公路交通中断疏通应急预案道路运输重、特大事故应急救援预案、突发公共卫生事件道路旅客运输应急预案等交通应急专项预案。

同时加强对厅直属部门和各地预案制定工作的指导,强化对预案动态管理。结合形势变化和应急管理工作实际,及时修订和完善预案,不断增强预案的针对性、操作性和实用性。

2. 公路交通应急管理联动机制建设

完善信息报告制度。把政务值班与应急管理有机结合,制定公路突发事件信息处理办法,明确了突发事件分级报送范围和报送程序。做好特殊和敏感时机应急值守工作,制定下发相关制度和规定,严格监督和检查,及时通报有关问题。建立了"值班报告制度"实现省级指挥中心及省政府移动指挥车、外省指挥中心直至部指挥中心的互联互通。

建立健全信息共享和协调联动机制。制定与省政府应急办、交通运输厅应急办、公安、卫生、环保等相关部门的信息收集、传递、处理和报送等工作制度,保障了信息报送渠道畅通。建立公路管理部门、交通战备管理部门、道路运输部门的沟通机制,建立统一领导、分级负责、综合协调的突发事件管理体制,合理划分各级主管部门的应急职责,有效整合各种资源,及时高效开展应急救援工作。

3. 公路交通应急指挥系统平台建设

建设省公路局路网管理与应急中心和各市(州)、长白山管理委员会公路处分中心。主要功能包括完善视频、音频和数据的信息采集、整合数据资源、实现公众出行信息服务系统、办公自动化系统、地理信息系统、综合应急指挥调度平台、呼叫中心、网络安全等。

公路交通应急指挥平台还应设有日常管理与应急指挥场所,具备指挥、值班、会商等功能。该日常管理和应急指挥场所需建设显示系统、供电系统、综合布线系统、灯光照明系统、音响系统、智能控制和安全保障系统等。

4. 公路交通应急指挥网络系统布局

在综合考虑9个市(州)的应急管理开展工作,结合各州市山区和平原特点,依据公路交通应急指挥体系架构、各地突发事件类型,应急指挥站点布设原则及布局、实施原则,在吉林省范围内建立省级指挥中心和公路交通应急指挥分中心,实现在最小范围内,最快调动应急队伍和资源,最有效进行突发事件应对和救援的要求。

5. 公路交通应急物资储备及其信息库建设

在全省范围内,结合路网布局和重要位置的分布情况,根据历年来各种突发事件的发生频率进行综合考虑,确定全省公路交通应急物质和设备储备站数量和分布地点,通过招标采购必要的应急物资和设备。

建设全面、系统的公路交通应急信息库,包括公路基础信息数据库、公路地理信息数据库、路网管理业务数据库、突发事件信息数据库、预案库、案例库和文档库、应急救援队伍信息库、应急救援物资信息库等,实现数据共享与交换。

6. 公路交通应急预警及评估机制建设

完善预警预测机制。各级公路主管部门建立预警信息,根据每起突发事件时间组织有关部门对收集到的各类信息进行分析,对可能引发突发事件的时间、地点、范围、程度、危害及趋势作出预测,将预警信息及时报告相关领导,通报相关部门,提出防范措施。整合气象、公安和卫生部门的信息资源,构建多渠道的预警信息网络。

健全风险评估机制。在完善现有三级预案体系和日常隐患排查的基础上,进一步延伸风险管理工作,由有关专业部门牵头,建立由专家、教授组成的危机风险评估组。全面评估公路危桥、山体坍方等可能遇到的各种危机,把握危机的数量、种类、性质、特点及其规律,为每一类别或级别的危机制定具体的危机处置流程,注意搜集与危机有关的各种信息,对危机作出科学的预测和判断。

7. 公路交通应急保障队伍应急能力建设

依托现有公路交通应急演练场地,适时开展道路中断、桥隧倒塌以及其他突发事件的演练活动,组织开展应急指挥系统和部分专业的单项演习,提高应急救援的实战能力。

开展交通应急管理知识培训,针对不同对象,采取不同方法,制定培训工作计划,组织开展不同层次和内容的培训,明确培训目的、要求、内容、方法等,进一步提高应急救援服务意识、应急处置能力和应急指挥水平。加强对交通党政干部、应急管理干部、新闻发言人、基层干部、施工单位负责人、应急救援队伍应急知识的培训,切实提高交通突发事件发生后应对处置的能力。

本章通过借鉴国外应急管理体系,结合我国公路交通应急管理体系的现状,设计了公路交通应急管理体系框架,确定了应急管理体系的关键环节,并提出了健全吉林省公路交通应急管理体系的内容。

1. 公路交通应急保障能力由哪几部分构成,其核心是哪部分?
2. 公路交通应急处置能力主要包括哪几种?
3. 吉林省公路交通应急管理体系发展的难点有哪些,应如何改进?

安全生产应急管理"十二五"规划

为加强安全生产应急管理工作,促进全国安全生产形势持续稳定好转,依据《中华人民共和国国民经济和社会发展第十二个五年规划纲要》、《安全生产"十二五"规划》、《国务院关于进一步加强企业安全生产工作的通知》(国发〔2010〕23号)精神,制定本规划。

一、现状与形势

(一)"十一五"期间安全生产应急管理工作取得的成效

"十一五"期间,在党中央、国务院的高度重视和坚强正确领导下,各地区、各有关部门和单位牢固确立安全发展的理念,始终坚持"安全第一、预防为主、综合治理"的方针,安全生产应急管理工作取得了长足进步。

一是应急管理体系初步建立。全国31个省(区、市)、新疆生产建设兵团和215个市(地)、部分县(市、区),以及安全生产任务较重的54家中央企业建立了安全生产应急管理机构。建立了国家和区域安全生产应急救援协调机制。

二是应急管理规章标准建设稳步推进。制定颁布了《矿山救护规程》(AQ 1008—2007)、《生产经营单位安全生产事故应急预案编制导则》(AQ/T 9002—2006)、《生产安全事故应急预案管理办法》(国家安全监管总局令第17号)和《生产安全事故应急演练指南》(AQ/T 9007—2011),以及应急救援队伍建设、应急平台体系建设、宣传教育培训等一系列规章、标准和指导性文件,为加强安全生产应急管理提供了依据。各省(区、市)制订的部分地方性法规和规章也对安全生产应急管理工作进行了规范。

三是应急救援队伍体系建设成效明显。各地区、有关高危行业企业加强了应急救援队伍建设,救援人员增加了40%,初步形成了国家(区域)、骨干、基层救援队伍相结合的应急救援队伍体系。通过开展培训演练和技能比武等工作,应急救援队伍素质不断提高,救援能力明显加强,在3.68万余起矿山和危险化学品事故灾难的应急救援,以及汶川、玉树地震等重大自然灾害救援中发挥了重要作用。

四是应急救援装备水平不断提高。国家级矿山和危险化学品救援队伍增配各类救援车辆700余台,配备个体防护、救援、侦检、通信等装备8000余台(套)。骨干队伍和基层队伍所在地方政府和依托单位加大了救援装备投入力度,部分省(区、市)建立了安全生产应急物资装备储备库。

五是应急预案和演练工作进一步加强。在国家层面,制定颁布了事故灾难应急预案42个。地方各级政府、中央企业以及煤矿、非煤矿山、危险化学品、烟花爆竹等高危行业(领域)企业实现了应急预案全覆盖。各级地方政府和高危行业企业经常举行应急预案培训和演练。

六是应急平台建设全面启动。制定了国家安全生产应急平台体系建设指导意见。国家安全生产应急平台已经开始建设,部分省(区、市)、市(地)和中央企业安全生产应急平台基本建成并投入运行。

七是应急管理培训和宣教工作深入开展。修订完善了安全生产应急管理培训和宣教工作制度,制定了应急管理和指挥人员培训大纲,全国每年培训30多万人次。宣教工作内容日益丰富,宣教形式不断创新,应急知识普及面不断扩大。

八是应急科技支撑不断增强。各地区均成立了安全生产应急救援专家组。安全生产应急救援科研项目投入明显加大,科技部下达的19个应急救援重点项目研究已经完成,在煤矿瓦斯、危险化学品等事故灾难的应急救援和预测预警方面形成了一批新技术、新装备。

九是国际交流合作不断深入。通过组织救援指战员及应急管理人员赴发达国家学习交流、参加国际矿山救援技术竞赛以及举办国际性安全生产应急管理论坛和展会等方式,加强了安全生产应急管理领域国际交流与合作。

(二)"十二五"期间安全生产应急管理工作面临的形势

"十二五"时期,是全面建设小康社会的重要战略机遇期,工业化、信息化、城镇化、市场化、国际化深入发展,经济发展方式加快转变,产业结构不断优化,科技自主创新能力进一步增强,安全生产应急管理工作面临难得的发展机遇。同时,"十二五"期间随着工业化、城镇化进程加快,国内经济形势进一步回升向好,能源原材料市场需求旺盛,煤矿不断向深部延伸,危险化学品领域进一步扩大产能,交通运输量增大,人流、物流和车流还将持续增长,发生重特大事故的可能性仍然存在,这些都给安全生产应急管理工作提出了新的更高的要求。

目前,由于安全生产应急救援体系初步建立,基础相对薄弱,还存在一些制约安全生产应急管理工作进一步发展的因素。主要是:《安全生产应急管理条例》尚未出台;许多市(地)和大部分重点县没有建立安全生产应急管理机构,已经建立的应急管理机构人员、经费等没有落实到位;救援队伍布局已经不能满足经济社会发展的需要,缺乏处置重特大和复杂事故灾难的救援装备;应急预案的针对性和可操作性不强;应急救援经费保障困难,救援人员待遇、奖励、抚恤等政策措施缺失;重大危险源普查工作尚未全面展开,监控、预警体系建设相对滞后;缺乏高效的科技支撑,应急救援技术装备研发、应用和推广的产业链尚未形成,装备的机动性、成套性、可靠性还亟待提高;应急培训演练与实际需求还有较大差距。总体来说,应对重大、复杂事故的能力不足,与党中央、国务院的要求以及人民群众的期盼还有很大差距。安全生产应急管理工作长期性、艰巨性、复杂性和紧迫性的特点十分明显。必须采取切实有效措施,全面提升应急能力,为实现安全生产形势根本好转的目标提供有力保障。

二、指导思想、基本原则和规划目标

(一)指导思想

以邓小平理论和"三个代表"重要思想为指导,深入贯彻落实科学发展观,牢固树立以人为本、安全发展的理念,坚持"安全第一、预防为主、综合治理"的方针,以建设更加高效的风险管理和应急救援体系为主线,以国家(区域)安全生产应急救援队伍建设为抓手,加强体系建设、健全"一案三制"、强化科技支撑、完善保障措施、落实主体责任、夯实工作基础,不断推动安全生产应急管理事业的发展。

(二)基本原则

统筹规划、突出重点。统筹规划各区域、各行业(领域)应急体系建设,兼顾近期需求与长远目标,突出矿山、危险化学品等高危行业,突出安全生产应急管理工作的薄弱环节。

政府主导、落实责任。充分发挥政策导向作用和重点项目的示范带动作用,调动各方面加强安全生产应急管理工作的积极性,落实企业主体责任,提高社会化程度。

分级负责、分步实施。按照事权合理划分各级政府及相关部门的工作任务,各司其职、各负其责。充分考虑现实需要和实际能力,科学确定建设项目,分级分步组织实施。

依靠科技,提升能力。充分发挥科技支撑和引领作用,加强应急救援技术装备研发与应用,提高应急管理和应急救援工作效率,推动应急能力发展。

(三)规划目标

到2015年,基本建成符合我国国情的安全生产应急管理体系,完善分类管理、分级负责、条块结合、属地为主的应急管理体制和统一指挥、反应灵敏、协调有序、运转高效的应急管理机制,应急能力全面加强,适应有效应对各类生产安全事故灾难的需要,并为其他灾害的应急救援提供有力支持。一是在法制建设方面,颁布实施《安全生产应急管理条例》及与之配套的规章、标准和政策措施,形成基本完善的安全生产应急管理法规体系。二是在机构、机制建设方面,建立完善国家、省、市、重点县以及高危行业(领域)大中型企业应急管理机构,形成完善的应急管理机制。三是在应急救援队伍建设方面,按照"国内领先、国际一流"的标准完成国家级应急救援队建设任务,骨干应急救援队伍救援能力大幅提升,基层队伍专业水平显著提高,形成完善的国家(区域)、骨干和基层三级安全生产应急救援队伍体系。四是在应急预案与演练方面,高危行业(领域)中央企业应急预案覆盖率、备案率、培训演练率达到100%,其他达到80%以上。五是在应急管理培训方面,各级安全生产应急管理人员、应急救援指战员培训率达到100%,高危行业企业从业人员应急知识培训全覆盖,应急知识普及进社区、进学校。六是在应急平台体系建设方面,国家、省、市、高危行业(领域)中央企业应急平台建设率达100%,重点县(市、区)、高危行业地方大中型企业应平台建设率达80%以上,基本实现互联互通和信息共享。

三、主要任务

(一)完善安全生产应急管理法规、政策、标准体系

推动《安全生产应急管理条例》颁布实施,制定修订与其配套的安全生产应急预案管理、资源管理、信息管理、科技管理、队伍建设与管理以及培训教育、运行保障等规章和标准。建设安全生产应急管理统计指标体系。完善应急救援队伍经费保障、装备器材征用补偿、装备购置税费减免以及表彰奖励等政策措施。形成国家、地方、企业及社会多元化的应急体系建设保障制度。研究探索社会捐助、保险等支持安全生产应急救援的途径。

(二)建立健全安全生产应急管理机构

建立完善省、市和重点县三级安全生产应急管理机构,加强人员、装备配置,强化技术培训,落实运行经费,制定工作制度和协调指挥程序,提高应急管理能力和救援决策水平。加强高危行业企业应急管理机构建设,落实应急管理与救援责任。

(三)理顺和完善应急管理与指挥协调机制

完善国家、省级相关部门安全生产应急救援联动机制和联络员制度,健全各级应急管理机构之间、应急管理机构与救援队伍之间的工作机制和应急值守、信息报告制度,建立健全区域间协同应对重特大生产安全事故的应急联动机制,建立完善事故现场救援队伍协调指挥制度。

(四)加强应急救援队伍体系建设

建设国家(区域)矿山、国家(区域)危险化学品应急救援队和部分中央企业应急救援队,以及矿山、危险化学品骨干应急救援队伍,建立健全高危行业企业应急救援队伍,完善队伍体系,形成区域救援能力。注重培养"一专多能"的各级救援队伍,实施社会化服务,发挥救援队伍在预防性检查、预案演练、应急培训等方面的作用。鼓励和引导各类社会力量参与应急救援。将应急救援队伍建设纳入各级经济和社会发展规划,加大资金、政策扶持力度。将矿山医疗救护体系纳入各地区医疗卫生应急救援体系和安全生产应急救援体系,同步规划、同步建设。开展化工园区、矿山企业聚集区应急救援队伍一体化示范建设。加强安全生产应急救援队伍资质管理,促进队伍素质提高。积极配合有关部门推进公路交通、铁路交通、水上搜救、船舶溢油、建筑施工、电力、旅游等行业国家级救援基地和队伍建设,配合各地公安消防部队加强综合应急救援队伍建设。

(五)完善应急预案体系

建立完善政府部门、重点行业企业应急预案体系,实现政府部门与企业应急预案有效衔接。规范预案编制内容,提高预案编制质量,加强预案审查,建立健全预案数据库。编制应急演练评估标准,完善应急预案演练制度,规范应急预案演练,提高演练效果。

(六)加快安全生产应急管理宣教和培训体系建设

将安全生产应急管理培训纳入安全生产教育培训总体规划,统一部署,充分利用各级政府和有关部门、大型企业现有的应急培训资源,完善培训设施,加强师资队伍建设,健全安全生产应急培训体系。制定培训规划和考核标准。加强各级安全生产应急管理人员和救援队伍指战员培训。充分利用各种新闻媒体和网络等,面向从业人员和社会公众开展安全生产应急管理宣传教育,普及防灾避险、自救互救知识,增强全民应对事故灾难的意识和能力。

(七)推动应急救援科技进步

坚持以应急救援需求为导向,自主创新和引进消化吸收相结合,形成安全生产应急救援科技原始研发、创造创新、成果转化的能力和机制。鼓励应急装备和物资生产企业、教学科研机构做好产学研结合,加强应急救援新技术、新装备的研发。扶持和培育应急救援技术装备研发机构和制造产业。积极推广应用先进适用的应急救援技术和装备,以煤矿、金属非金属矿山、危险化学品、烟花爆竹等高危行业(领域)为重点,优先推广应用紧急避险、应急救援、逃生、报警等先进适用技术和装备。强制淘汰不适应救援需要、不符合相关标准、性能不高的救援技术装备。

(八)加强应急救援支撑保障能力建设

在矿山、危险化学品等重点行业(领域)选择优势科研机构,重点建设一批安全生产应急救援技术支持保障机构,加强应急救援技术装备科技研发、检测检验等能力建设。加快国家(区域)应急救援队伍大型救援装备储备,依托有关企业、单位储备必要的物资装备和生产能力,建立安全生产应急物资储备制度和调运机制,形成布局合理、多层次、多形式的应急救援物资储备体系。支持有关大专院校加强安全生产应急管理学科建设,培养专业人才。建立和完善各类应急专家库,为应急管理和应急救援工作提供智力支持。

(九)深化应急平台体系建设和应用

加快省、市和重点县以及高危行业(领域)大中型企业应急平台建设,完善安全生产应急平台体系,强化各级平台间的互联互通,加强物联网等新技术的应用。深化应急平台在救援指挥、资源管理、重大危险源监管监控等方面的应用,注重通过应急平台体系,动态掌握各类应急资源的分布情况。

(十)加快建立重大危险源监管体系

落实企业主体责任,明确监控重点目标,建立健全企业重大危险源安全监控系统,提升重大危险源监控能力。开展重大危险源普查登记、分级分类、检测检验和安全评估。建立国家、省、市、县四级重大危险源动态数据库和分级监管系统,构建重大危险源监测预警机制。

四、重点工程

(一)国家(区域)矿山应急救援队建设工程

依托开滦集团、大同煤矿、龙煤集团、淮南矿业、中平能化、川煤集团、靖远煤业等企业建设国家矿山应急救援开滦、大同、鹤岗、淮南、平顶山、芙蓉、靖远队，建设14个区域矿山应急救援队，承担服务区域内重特大、复杂矿山事故灾难应急救援及实训演练任务。在配备运输吊装、侦测搜寻、灭火与有害气体排放、排水、钻掘与支护、仿真模拟演练、通信指挥等大型、特殊救援装备的同时，进一步充实救援力量、完善指挥系统、加强装备建设、配套基础设施、健全规章制度、优化应急预案、强化培训演练、培养过硬作风、抓好综合保障，使其成为力量雄厚、装备精良、技术精湛、训练有素、能打硬仗，关键时刻拉得动、动得快、打得赢的矿山应急救援队伍。

(二) 高危行业中央企业重点救援队伍建设工程

依托高危行业中央企业重点建设60支矿山、危险化学品、油气田开采、水上搜救、隧道坍塌、旅游等应急救援队伍，配置大型、特殊专业救援装备器材，补助装备运行维护费用及演练经费，加强应急救援培训与实训能力建设，与国家安全生产应急救援队共同形成应急救援的中坚力量，提高整体应对重特大事故的能力。其中，依托中国石油、中国石化等中央企业，建设国家危险化学品应急救援北京、吉林、南京、广州、重庆、兰州队。同时建立14个区域危险化学品应急救援队和1个危险化学品应急救援技术指导中心。重点加强大型、特殊装备建设及机动能力建设，主要包括工程抢险装备、化学火灾扑救装备、有毒有害物质处置装备、危险化学品侦检装备、通信指挥装备、培训演练装备等。

(三) 矿山医疗救护队伍建设工程

依托大型矿区医院或地方卫生医疗机构，分别在国家(区域)矿山救援队服务区建立21个矿山医疗救护队，并建立矿山医疗救护队与国家(区域)矿山应急救援队联动机制，配置符合矿山事故院前急救需要的先进医疗救护设备，加强培训演练，提高矿山应急医疗救援人员能力素质，建设一批适应矿山医疗急救特点的专业医疗救护队伍。

(四) 矿山与危险化学品应急救援骨干队伍建设工程

地方各级政府和依托单位根据本地区经济社会发展实际，进一步整合资源、加大投入，加强矿山、危险化学品应急救援骨干队伍建设，配备必要的装备器材，强化基础设施建设，开展队伍培训演练，全面提升骨干队伍应急救援能力。

(五) 重大应急救援技术与装备研发工程

依托高等院校、科研院所和大型高危行业企业，结合应急救援工作实际，开展井下灾区侦测装备、井下救援机器人、矿井智能化快速救援钻机成套装备、有毒气体泄漏事故现场监测技术装备等重大应急救援技术装备研发，提升事故灾难应对能力，提高应急救援工作的科学性和主动性。

(六) 安全生产应急平台体系建设工程

建设国家、省、市三级安全生产应急平台，完善网络系统、应用系统、应急指挥大厅和模拟推演室等相关系统及配套标准规范和安全体系，实现安全生产应急管理和协调指挥的信息化、科学化和智能化，并与有关部门、高危行业中央企业、国家级安全生产应急救援队伍应急平台相联接。依托国家安全生产应急平台体系,建立各类应急资源数据库,实现动态管理,建设重点企业终端,建立完善重大危险源数据采集处理、信息传输、风险评估、预测预警、模拟仿真、统计分析系统,实现对重大危险源的分级管理。

(七)应急救援装备产业示范园区建设工程

选择在地理位置、基础设施、人力资源、资金和政策保障条件等方面具有一定优势的地区,开展应急救援装备产业示范园区建设工程,形成以应急救援高新技术研发为引导、研发与生产相结合的应急救援装备研发、制造多行业企业集成群体。

五、规划实施与评估

(一)加强组织领导

加强对安全生产应急管理工作领导,理顺管理体制,落实相关责任,完善工作机制。结合各地区、各企业应急管理工作特点和实际需求,制定应急管理规划和实施方案,将主要任务和建设项目纳入本地区国民经济与社会发展规划以及安全生产专项规划和本单位发展规划,并加强监督检查,及时发现和解决问题,推进规划落实。

(二)加强安全生产应急管理的国际交流与合作

加强与各国政府、国际组织和国外民间团体在安全生产应急救援领域的交流与合作,跟踪国际应急管理与应急救援科技发展前沿动向,开展技术交流与合作,学习借鉴国外先进经验,提高我国应急管理水平。

(三)加强规划实施评估

加强对规划实施情况的动态监测和监督检查,在规划实施中期阶段开展考核评估,经中期评估需要对规划进行调整时,由规划编制部门提出调整方案,报规划发布部门批准。规划编制部门要对规划最终实施总体情况进行评估,以适当形式向社会发布。

国家卫生应急队伍管理办法(试行)

第一条 为加强和规范国家卫生应急队伍建设与管理,全面提升国家卫生应急队伍的应急处置能力和水平,依据《中华人民共和国突发事件应对法》、《突发公共卫生事件应急条例》等法律法规,以及《国家突发公共卫生事件应急预案》、《国家突发公共事件医疗卫生救援应急预案》等预案,制定本办法。

第二条 按照"统一指挥、纪律严明,反应迅速、处置高效,平战结合、布局合理,立足国内、面向国际"的原则,根据地域和突发事件等特点,统筹建设和管理国家卫生应急队伍。

第三条 本办法所称国家卫生应急队伍,是指由国务院卫生行政部门建设与管理，参与特别重大及其他需要响应的突发事件现场卫生应急处置的专业医疗卫生救援队伍。国家卫生应急队伍主要分为紧急医学救援类、突发急性传染病防控类、突发中毒事件处置类、核和辐射突发事件卫生应急类。国家卫生应急队伍成员（以下简称队员）来自医疗卫生等机构的工作人员，平时承担所在单位日常工作，应急时承担卫生应急处置任务。

第四条　本办法适用于国家卫生应急队伍的建设和管理。地方各级卫生行政部门参照本办法制定本级卫生应急队伍管理办法或规定。

第五条　国务院卫生行政部门负责国家卫生应急队伍的规划、建设和管理，并委托国务院卫生行政部门属（管）医疗卫生机构和省级卫生行政部门（以下简称委托建设单位）具体承担国家卫生应急队伍组建和日常管理工作。

国务院卫生行政部门对国家卫生应急队伍予以授牌管理。

根据卫生应急工作需要，经国务院卫生行政部门组织评估、批准后，对符合国家卫生应急队伍条件的卫生应急队伍进行授牌管理，享受国家卫生应急队伍的权利并履行义务。

第六条　国家卫生应急队伍主要由卫生应急管理人员、医疗卫生专业人员和技术保障人员构成。应急管理和医疗卫生专业人员每队20人左右，设队长1名，副队长2名，每支队伍配10名左右的后备人员。

第5章 公路交通应急管理保障能力建设

第1节 公路交通应急预案体系建设

  交通行业作为国民经济的支柱行业,编制好交通突发事件应急预案,完善应急机制、体制和法制,提高交通行业管理部门预防和处置突发事件及其交通保障能力,不仅关系国家经济社会发展全局和人民群众生命财产安全,而且是交通行业全面履行政府职能、落实科学发展观的重要举措。

  各类交通突发事件应急预案是各级交通行业管理部门针对突发事件进行应急管理的文本体现,无论是总体预案,还是专项预案,无论是国家级交通应急预案,还是省、市、县应急预案,应坚持以人为本、减少危害、居安思危、预防为主,统一领导、分级负责、依法规范、加强管理、快速反应、协同应对、依靠科技、提高素质的应急管理的工作原则,全面、系统地策划和编制各级、各类交通应急预案。

  公路交通应急预案的编制,是在认真总结公路交通应急保障的历史经验和借鉴国外有益做法的基础上,经过集思广益、科学民主化的决策过程,按照依法行政的要求,并注重结合实践而形成的。公路交通应急预案的编制,既是对客观规律的理性总结,也是交通行业可持续发展的一项制度创新。

5.1.1 应急预案制定

  《公路交通突发事件应急预案》中明确规定了公路交通预警与响应级别分为四级,并且分别由国家级(交通运输部)和省、地市、县级交通主管部门负责启动和实施相关应急预案。各级交通主管部门应按照《公路交通突发事件应急预案》中规定的预案启动和响应条件及其职责范围内编制相应的应急预案。

1. 预案编制原则

  在成立应急预案编制小组、建立应急预案及其文件体系、辨识和评价所辖区域内的公路交通应急事件的风险及其应急资源和能力等步骤后,应着手开展具体的应急预案的编制工作。预案编制时,通常应遵循以下原则。

  (1)程序与职责明确。应合理地组织预案的结构体系,明确各职能部门和相关应急保障单位的操作程序和职责,以便当应急事件发生时,各有关人员知道我的任务是什么、我应该怎么做。

  (2)全面性和系统性。预案应涵盖从应急准备、应急响应、后期处置等应急事件的全过程，包括编制目的、适用范围、工作原则、组织体系、运行机制、应急保障、监督管理等各个方面。

（3）兼容性和可操作性。应急预案应尽可能地与现有的行业管理和交通运输生产活动的特征相结合，符合交通行业发展的相关法律和政策，使应急保障工作更好地融入到运输生产的实践中，增强预案的可操作性。

（4）标准化和延续性。应急预案的格式应采用标准范本格式，以便使各级公路交通应急预案以及与其他行业的相关预案保持相互衔接与协调。

2.预案编制小组

（1）公路交通应急管理组织机构

根据我国公路交通现状和分级管理体制的特点，按照《国家突发事件总体应急预案》和《公路交通突发事件应急预案》的有关要求和规定，公路交通应急指挥体系由国家级（交通运输部）、省级（省级人民政府及其交通主管部门）、地市级（市级人民政府及其交通主管部门）和县级（县级人民政府及其交通主管部门）四级应急机构组成。各级公路交通应急机构通常包括：应急领导小组、应急日常管理机构、应急工作组、现场工作组和应急咨询机构等。在各级公路交通应急领导小组的领导下，各级公路交通应急日常管理机构负责组织起草、修订与公路交通相关的各类突发事件的应急预案。应急工作组在应急领导小组决定启动公路交通突发事件预警状态和应急响应行动时自动成立，由各级交通运输主管部门内相关司局（部门）组建，在应急领导小组统一领导下具体承担应急处置工作。

（2）公路交通应急预案编制小组

由于公路交通突发事件涉及的领域广泛、种类繁多，而且呈现不同地域的差异性特征。因此，各级交通主管部门在编制公路交通突发事件总体预案及其各专项预案时，应结合所辖区域和该类应急预案的特征和涉及的相关领域，分别组建具有相关领域丰富经验的行政官员、管理与技术人员以及相关咨询专家和企业的代表组成预案编制小组。由于应急预案从编制、维护、实施的全过程需要各相关部门的广泛参与，而且预案的编制需要投入大量的时间和精力。因此，应急预案编制小组的负责人应由各级公路交通主管部门的主管领导担任，以便增强预案的权威性、可操作性，有利于应急预案的贯彻实施。

（3）公路交通应急预案的层次与文件体系

公路交通应急预案按其涉及范围和事件特征可分为三个层次，即总体（综合）预案、专项预案和企业预案。

各级《公路交通突发事件应急预案》就是相应层次的公路交通应急总体预案，是从总体上阐述公路交通应急管理的方针、原则、应急组织机构及其相应的职责、运行机制、基本运作程序、应急保障等内容。总体预案应全面阐述应急管理机构和应急保障单位和相关人员的责任与义务，以及公路交通突发事件的预防、准备、应急响应、处置、恢复和善后处置等过程的关联与程序，总体反映该级交通主管部门的应急保障资源和应急文件体系。

专项预案就是针对某一具体事件或特定场所的突发事件制定的专项预案。

如雪灾、洪水、滑坡等自然灾害,公路、桥梁和站场受损及危险品运输等事故灾害,非典等公共卫生事件,交通严重拥堵和社会治安等社会安全事件等。专项预案是在总体预案的基础上充分考虑该事件的危险特征和影响范围,有针对性地提出该类事件的公路交通应急的预防、处置、应急资源和恢复等详细的操作办法、手段和措施等具体内容,可能仅涉及预案和应急管理的部分内容或阶段。

现场预案就是针对某些突发事件发生风险较大的场所或重要防护区域所制定的预案,是在专项预案的基础上,根据所辖区域内风险源或防护区域的具体情况需要而编制的。现场预案是一系列具体救援行动的过程,是针对某类具体事件及现场环境制定的行动指南和具体安排,通常不涉及预案的预防、准备和恢复等活动。

一个完整的公路交通应急预案文件体系通常包括应急预案、应急程序、应急工作制度、说明书和记录及附件等文件体系。程序是对预案中某个行动的具体分解,其目的是为应急行动提供指南。

①应急程序文件通常包括预防程序、准备程序、响应程序、处置程序、资源征用程序、专项应急程序、恢复程序、调查评估程序、补偿程序等多方面。程序书写要求简洁明了并以图表相结合,以确保应急人员准确、快速、无误地按照应急预案执行应急任务;应急工作制度是对应急管理和行动的行为规范和准则,是应急管理工作和预案执行的重要保障。

②应急工作制度通常包括应急值班制度、会商制度、人员和装备管理制度、学习与培训制度、演练与督察制度、文件管理制度等;说明书是对应急程序中的特定任务及某些行动细节的具体说明,供应急机构或相关应急保障单位的内部人员使用;应急记录及附件是指应急日志、通信录、设备清单、应急资源和物资清单、重要危险源和防护区域一览表、分布图、交通图等相关资料。

3. 预案编制过程

应急预案一般的编制过程如下:

(1)根据应急预案体系的层次与结构,首先编制总体预案,其次为专项预案和现场预案;

(2)在风险评价的基础上,确定预案种类、应急保障的目标和重要事件,明确要执行的任务、执行主体和时间;

(3)确定编写应急预案的目标与阶段,制定任务表格、文件形式和时间安排表;

(4)起草基本预案、预案说明书及其支持文件的初稿,并注重与相关部门和预案的衔接、配合;

(5)向交通行业管理部门的有关领导和专家陈述初稿并听取反馈意见;

(6)具体落实相关应急保障资源及其应急保障队伍和装备,评估公路交通内外部应急保障资源的能力,提出公路交通应急保障资源和设施的构建方案和实施序列,并明确各责任主体;

(7)征询相关行业管理部门和专家的意见并进行预案评审,修改完善应急

预案,在同级人民政府的领导下对外发布预案,并上报上级人民政府和上级交通主管部门备案;

(8)印刷预案并分发给相关部门和单位,并按照相关规定对外发布;

(9)制订预案的宣传、培训与演练工作计划,检验预案的有效性和可操作性,提高应急人员的素质和应急保障能力;

(10)制定相关法规和政策,为应急预案的顺利实施提供法规和政策保障。

4.预案编制步骤

公路交通应急预案的编制工作是一项涉及面广、专业性强的系统工程,是一个动态的过程。从成立预案编制小组到预案策划、预案编制、预案实施,要经历多个阶段、不断完善,如图5-1所示。

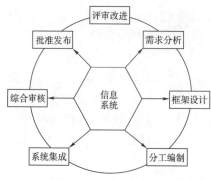

图5-1 应急预案编制步骤

(1)应急预案的策划

在预案策划阶段,首先要成立公路交通应急预案编制小组,然后收集制定应急预案所需的各种基础资料和专业资料、相关信息、法规与政策文件等详细的信息资料,建立信息资料文档,熟悉并掌握这些信息资料是应急预案编制的基础。

应急预案策划阶段的另一项重要任务就是对该应急预案所涉及的突发事件的风险等级以及所对应的应急资源和能力进行评价。因为任何应急预案均是建立在对突发事件的风险分析和应急资源与能力进行定量或定性分析的基础上制定的。

公路交通应急预案策划阶段的主要工作包括:

①组建公路交通应急预案以及各专项预案的编制小组;

②确定应急预案编制的工作方针与计划;

③收集并熟悉和掌握应急预案相关的信息资料;

④对应急事件的风险进行辨识与分析;

⑤对相关应急资源和能力进行评估分析;

⑥拟定公路交通应急保障的预测与预警、应急反应、应急处置和后期处置的初步方案。

(2)预案的编制

基于对该类应急事件的风险评价以及应急资源和能力分析的基础上开展公路交通应急预案的编制工作。应急预案的编制工作不仅要遵循国家和地方的相关法规、标准和政策,还应充分了解和熟悉其他已有的相关应急预案,尤其是要服从于上一级公路交通应急预案的相关要求,最大可能减少工作量和避免相关应急预案的重复与交叉,确保与其他相关应急预案的协调一致。该阶段的主要工作包括:

①确定公路交通应急预案的文件结构体系和编制大纲;

②了解公路交通行业管理以及相关运输生产活动的特征与规定,并保持应急预案文件与其兼容性和协调性;
③编写应急预案;
④应急预案的审核与发布。

(3)应急预案评审

为保证应急预案的科学性、可操作性和实用性,各项应急预案必须经过评审,包括组织内部评审和专家评审,必要时请求上级交通主管部门或同级人民政府的相关应急机构进行评审。应急预案评审的主要内容包括:

①预案的制定是否建立在事件的风险评价和应急资源与能力分析的基础上开展的;
②应急保障机构和人员的工作职责是否健全和明确;
③基本的应急程序是否合理;
④应急运行机制是否可行,应急保障措施是否完善,应急保障能力是否充分。

(4)应急预案实施

①各级公路交通管理部门应当采取多种形式开展应急预案的宣传教育,普及生产安全事故预防、避险、自救和互救知识,提高从业人员安全意识和应急处置技能。

②各级公路交通管理部门应当将应急预案的培训纳入培训工作计划,并组织实施本行政区域内重点公路交通单位的应急预案培训工作。公路交通相关单位应当组织开展本单位的应急预案培训活动,使有关人员了解应急预案内容,熟悉应急职责、应急程序和岗位应急处置方案。应急预案的要点和程序应当张贴在应急地点和应急指挥场所,并设有明显的标志。

③各级公路交通管理部门应当定期组织应急预案演练,提高本部门、本地区公路交通突发事故应急处置能力。

④公路交通相关单位应当制定本单位的应急预案演练计划,根据本单位的事故预防重点,每年至少组织一次综合应急预案演练或者专项应急预案演练,每半年至少组织一次现场处置方案演练。

⑤应急预案演练结束后,应急预案演练组织单位应当对应急预案演练效果进行评估,撰写应急预案演练评估报告,分析存在的问题,并对应急预案提出修订意见。

⑥各级公路交通管理部门应当每年对应急预案的管理情况进行总结。应急预案管理工作总结应当报上一级公路交通管理部门。其他负有公路交通管理职责的部门的应急预案管理工作总结应当抄送同级公路交通管理部门。

⑦地方各级公路交通管理部门制定的应急预案,应当根据预案演练、机构变化等情况适时修订。公路交通相关单位制定的应急预案应当至少每三年修订一次,预案修订情况应有记录并归档。

⑧有下列情形之一的,应急预案应当及时修订:

a）生产经营单位因兼并、重组、转制等导致隶属关系、经营方式、法定代表人发生变化的；
b）生产经营单位生产工艺和技术发生变化的；
c）周围环境发生变化，形成新的重大危险源的；
d）应急组织指挥体系或者职责已经调整的；
e）依据的法律、法规、规章和标准发生变化的；
f）应急预案演练评估报告要求修订的；
g）应急预案管理部门要求修订的。

⑨公路交通相关单位应当及时向有关部门或者单位报告应急预案的修订情况，并按照有关应急预案报备程序重新备案。

⑩公路交通相关单位应当按照应急预案的要求配备相应的应急物资及装备，建立使用状况档案，定期检测和维护，使其处于良好状态。

⑪公路交通相关单位发生事故后，应当及时启动应急预案，组织有关力量进行救援，并按照规定将事故信息及应急预案启动情况报告公路交通管理部门和其他负有公路交通管理职责的部门。

5. 公路交通应急预案的奖励和处罚

（1）对于在应急预案编制和管理工作中做出显著成绩的单位和人员，公路交通管理部门及相关单位可以给予表彰和奖励。

（2）公路交通相关单位应急预案未按照本办法规定备案的，由县级以上公路交通管理部门给予警告，并处三万元以下罚款。

（3）公路交通相关单位未制定应急预案或者未按照应急预案采取预防措施，导致事故救援不力或者造成严重后果的，由县级以上公路交通管理部门依照有关法律、法规和规章的规定，责令停产停业整顿，并依法给予行政处罚。

5.1.2　应急预案体系内容

应急预案应形成体系，针对各级各类可能发生的事故和所有危险源制订专项应急预案和现场应急处置方案，并明确事前、事发、事中、事后的各个过程中相关部门和有关人员的职责。生产规模小、危险因素少的生产经营单位，综合应急预案和专项应急预案可以合并编写。

1. 公路交通突发事件应急预案

公路交通突发事件应急预案是全国公路交通突发事件应急预案体系的总纲及总体预案，是交通运输部应对特别重大公路交通突发事件的规范性文件，由交通运输部制定并公布实施，报国务院备案。

2. 公路交通突发事件应急专项预案

交通突发事件应急专项预案是交通运输部为应对某一类型或某几种类型公路交通突发事件而制定的专项应急预案，由交通运输部制定并公布实施。主要涉及公路气象灾害、水灾与地质灾害、地震灾害、重点物资运输、危险货物运输、重点交通枢纽的人员疏散、施工安全、特大桥梁安全事故、特长隧道安全事故、公共卫生事件、社会安全事件等方面。

3. 地方公路交通突发事件应急预案

地方公路交通突发事件应急预案是由省级、地市级、县级交通运输主管部门按照交通运输部制定的公路交通突发事件应急预案的要求,在上级交通运输主管部门的指导下,为及时应对辖区内发生的公路交通突发事件而制订的应急预案(包括专项预案)。由地方交通运输主管部门制订并公布实施,报上级交通运输主管部门备案。

4. 公路交通运输企业突发事件预案

由各公路交通运输企业根据国家及地方的公路交通突发事件应急预案的要求,结合自身实际,为及时应对企业范围内可能发生的各类突发事件而制订的应急预案。由各公路交通运输企业组织制订并实施。

5.1.3 应急预案体系关键环节

1. 专项应急预案框架

专项应急预案是针对具体的事故类别(如煤矿瓦斯爆炸、危险化学品泄漏等事故)、危险源和应急保障而制定的计划或方案,是综合应急预案的组成部分,应按照综合应急预案的程序和要求组织制订,并作为综合应急预案的附件。专项应急预案应制定明确的救援程序和具体的应急救援措施。目前来说,各省根据具体情况或多或少设计了一些专项应急预案。

公路交通突发事件是指由下列突发事件引发的、造成或者可能造成公路以及重要客运枢纽出现中断、阻塞、重大人员伤亡、大量人员需要疏散、重大财产损失、生态环境破坏和严重社会危害,以及由于社会经济异常波动造成重要物资、旅客运输紧张需要交通运输部门提供应急运输保障的紧急事件。主要可分为以下四类。

(1)自然灾害。主要包括水旱灾害、气象灾害、地震灾害、地质灾害、海洋灾害、生物灾害和森林草原火灾等。

(2)公路交通运输生产事故。主要包括交通事故、公路工程建设事故、危险货物运输事故。

(3)公共卫生事件。主要包括由传染病疫情,群体性不明原因疾病,食品安全和职业危害,动物疫情,以及其他严重影响公众健康和生命安全的事件。

(4)社会安全事件。主要包括恐怖袭击事件,经济安全事件和涉外突发事件。

从上述突发事件类型来看,自然灾害中对公路影响比较大的灾害主要是洪水、暴雪和地震,而且这三种灾害类型的处置方式并不相同,因此,应该分开来说。在公路交通运输生产事故中,最为危险的就是危险化学品造成的道路运输事故,此外,在其他突发事件中,公共卫生事件越来越受到重视,如何加强公路主管部门在公共卫生方面的安全防范和应急保障意识,是现代交通运输行业的重要内容。因此,公路交通应急专项预案应至少包括如图5-2所示内容。

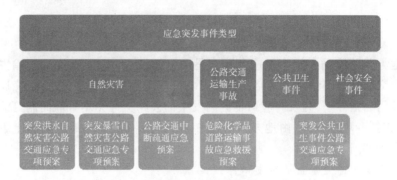

图 5-2　公路交通应急专项预案体系

2. 应急处置方案

现场处置方案是针对具体的装置、场所或设施、岗位所制定的应急处置措施。现场处置方案应具体、简单、针对性强。现场处置方案应根据风险评估及危险性控制措施逐一编制，做到事故相关人员应知应会，熟练掌握，并通过应急演练，做到迅速反应、正确处置。

（1）分级响应

①响应级别

公路交通突发事件按照其可控性、严重程度和影响范围分为特别重大事件（Ⅰ级）、重大事件（Ⅱ级）、较大事件（Ⅲ级）和一般事件（Ⅳ级）四个等级。

交通运输部负责Ⅰ级应急响应的启动和实施，省级交通运输主管部门负责Ⅱ级应急响应的启动和实施，市级交通运输主管部门负责Ⅲ级应急响应的启动和实施，县级交通运输主管部门负责Ⅳ级应急响应的启动和实施。

特别重大事件（Ⅰ级）：对符合本预案预警启动程序的公路交通Ⅰ级预警条件的公路交通突发事件或由国务院下达的紧急物资运输等事件，由应急领导小组予以确认，启动并实施本级公路交通应急响应，同时报送国务院备案。如图5-3所示。

重大事件（Ⅱ级）：对符合本预案预警启动程序的公路交通Ⅱ级预警条件的公路交通突发事件或由交通运输部下达的紧急物资运输等事件，由省级交通运输主管部门在省级人民政府的领导下予以确认，启动并实施本级公路交通应急响应，同时报送交通运输部备案。

较大事件（Ⅲ级）：符合由省级交通运输主管部门确定的公路交通运输Ⅲ级预警条件的公路交通突发事件，由市级交通运输主管部门在市级人民政府的领导下，启动并实施本级公路交通应急响应，同时报送省级交通运输主管部门备案。

一般事件（Ⅳ级）：符合由省级交通运输主管部门确定的公路交通运输Ⅳ级预警条件的公路交通突发事件，由县级交通运输主管部门在县级人民政府的领导下，启动并实施本级公路交通应急响应，同时报送市级交通运输主管部门备案。

②其他突发事件

除Ⅰ级预警或应急响应外，交通运输主管部门根据突发事件的严重性、紧急程度、可控性、敏感程度、影响范围等，还负责处置如下突发事件：

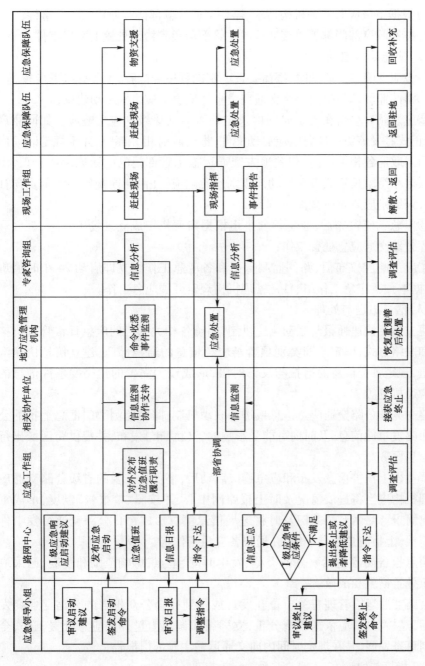

图5-3 Ⅰ级应急响应启动和终止流程图

a）根据日常监测或对已启动的应急响应事件的重点跟踪，已经发展为需要上升等级或已引起公众特别关注的、交通运输主管部门认为需要在不启动应急响应的情况下予以协调处置的突发事件；

b）根据下级应急管理机构请求，需要交通运输部协调处置的突发事件；

c）按照政府部门部署由交通运输主管部门负责协助处置的突发事件。

（2）应急响应启动程序

各级应急响应的启动时，都需要按一定的程序和内容，主要有以下步骤。

①路网监测部门提出公路交通突发事件应急响应级别启动建议；

②应急领导小组在规定时间内决定是否启动该级别应急响应。如同意启动，则正式签发该级别应急响应启动文件，报送政府相关部门，并于规定时间内召集面向政府各相关部门、相关地方交通运输主管部门的电话或视频会议，由应急领导小组组长正式宣布启动该级别应急响应，并由新闻宣传小组负责向社会公布该级别应急响应文件；

③应急响应宣布后，应急领导小组根据需要指定成立现场工作组，赶赴现场指挥公路交通应急处置工作；

④应急响应宣布后，路网监测部门和各应急工作组立即启动24小时值班制，根据本预案应急工作组、日常管理机构规定开展应急工作。

（3）信息报送与处理

建立信息快速通报与联动响应机制，明确各相关部门的应急日常管理机构名称和联络方式，确定不同类别预警与应急信息的通报部门，建立信息快速沟通渠道，规定各类信息的通报与反馈时限，形成较为完善的预突发事件信息的快速沟通机制。

建立完善公路交通应急信息报送与联动机制，路网监测部门汇总上报的公路交通突发事件信息，及时向可能受影响的省（区、市）发布，并提供跨区域出行路况信息服务。

严重以上预警信息发布和应急响应启动后，事件所涉及的省级公路交通应急管理机构应当将进展情况及时上报路网中心，并按照"零报告"制度，形成每日情况简报。路网监测部门及时将进展信息汇总形成每日公路交通突发事件情况简报，上报应急领导小组，并通报各应急工作组。

信息报告内容包括事件的类型、发生时间、地点、影响范围和程度、已采取的应急处置措施和成效。

公路交通运输管理有关单位在发现或接到社会公众报告的公路交通突发事件后，经核实后，应依据职责分工，立即组织调集力量开展应急处置工作，全力控制事态发展，并在规定时间内向交通运输主管部门报告。

（4）指挥与协调

①部门间协调机制

当发生公路交通突发事件时，交通运输主管部门与公安部等部门建立协调机制，按照职责分工，加强协作，共同开展应急处置工作。同时，指导地方公路交通应急管理机构建立与公安交警的联合调度指挥机制,实现路警"联合指挥、联合巡逻、联合执法、联合施救"。

②现场指挥协调机制

现场工作组负责指导、协调Ⅰ级公路交通突发事件现场的应急处置工作,并及时收集、掌握相关信息,根据应急物资的特性及其分布、受灾地点、区域路网结构及其损坏程度、天气条件等,优化措施,研究备选方案,及时上报最新事态和运输保障情况。

③应急物资调用

当应急物资储备在数量、种类及时间、地理条件等受限制的情况下,需要调用上级公路交通应急物资储备时,由使用地下级公路交通应急管理机构提出申请,经应急领导小组同意,下达公路交通应急物资调用指令,应急物资储备管理单位接到应急调度指挥中心调拨通知后,应在规定时间内完成储备物资发运工作。

④跨省支援

在交通运输部协调下,建立省际应急资源互助机制,合理充分利用各省级应急物资储备和应急处置力量,以就近原则,统筹协调各地方应急力量支援行动。对于跨省应急力量的使用,各受援地方应当给予征用补偿。

⑤应急响应终止程序

各级应急响应终止时,也有一定的程序和内容,主要有以下步骤:

a)路网监测部门根据掌握的事件信息,确认公路交通恢复正常运行,公路交通突发事件平息,向应急领导小组提出应急响应状态终止建议;

b)应急领导小组决定是否终止应急响应状态,如同意终止,签发应急响应终止文件,提出应急响应终止后续处理意见,并在规定时间内向政府主管部门及相关部门报送;

c)新闻宣传小组负责向社会宣布应急响应结束,说明已经采取的措施和效果以及应急响应终止后将采取的各项措施。

3. 组织保障措施

(1)完善公路交通应急管理体制

公路交通应急管理体制是实施公路交通应急处置调度的有效依据,是一切应急响应的基础。它必须包括以下十个部分内容。

一是建立自上而下的应急管理组织机构,明确职责和工作程序,建立会议、分工负责、检查和培训等一系列规章制度;

二是制订覆盖面广、可操作性强的应急救援预案和各类专项应急预案;

三是组建一支由路政、工程养护以及服务区专职应急救援人员组成的骨干队伍;

四是建立出行信息服务系统,为应急救援提供信息保障;

五是加强应急救援基地建设,合理划分应急救援区域,保证应急救援的时效性;

六是建立公路交通应急处置中心,积极探索新的应急管理模式;

七是保证资金投入,配备了拖车、救援车辆、防护头盔、防护服和各种救援服务设备,提高应急救援能力;

八是开展隧道、消防等公路交通应急救援的联合演练,提高实战能力,培养业务骨干;

九是加强与地方的横向联合,与公安、消防、医疗卫生、安全监督等相关单位建立了良好的合作关系;

十是加强对外宣传,提高公众对突发事件的预防和自救能力。

只有具备这十项应急管理措施,建立完善的应急管理体制,才能保证应急响应、处置、救援快速到位。

(2)加强公路交通应急风险评估机制建设

很多事故灾害的发生,都由于对风险隐患的不了解、监控不到位、排查不及时导致的,而事故灾害造成的社会危害得不到及时有效控制、应急救援工作不得力也是由于政府事先没掌握有关危险源的性质、特点和处置知识、对危险区域现场周边情况不熟悉,社会公众不知道危险源、危险区域的存在,没有掌握相关自救和互救知识。为避免以上情况的发生,应做到以下三点。

一是对危险源、危险区域进行调查、登记和风险评估。公路交通主管部门承担着预防和先期处理公路突发事件的重要职责,有必要全面掌握管理区域内存在的事故多发路段、软路基路段、无防护栏路段等危险区域、桥梁、隧道等危险源及其性质、特点,以及可能引发的突发事件种类,造成的社会危害及其性质和特点。

二是对管辖区域内的危险源、危险区域进行排查、监控并责令有关单位采取安全防范措施。在登记危险源和危险区域的基本情况后,应定期对这些危险源、危险区域进行检查,发现问题及时处理,以便消除引发突发事件的各种隐患,且要采取措施对这些危险源、危险区域进行全天候监控。

三是及时公布登记的危险源、危险区域。公路主管部门应按国家相关规定,必须向社会公布的,应及时向社会公布。一些应予以保密的,如对某些地区发生地震的可能性风险评估的情况,就不应公布。因为过早公布,可能引发社会混乱。

(3)加强公路交通应急预警机制建设

预警机制是指根据有关突发事件的预测信息和风险评估结果,依据突发事件可能造成的危害程度、紧急程度和发展态势,确定相应预警级别,并向社会发布相关信息的机制。预警机制是突发事件实现发生之前对事件的预报、预测及提供预先处理操作的重要机制,应做到以下几点。

一是根据公路突发事件的种类、特点,建立健全基础信息库。应急基础信息库数据包括公路交通存在的危险源、风险隐患、物资装备储备情况、应急队伍、应急专家、应急预案和应急突发事件案例等。

二是完善监测网络,划分监测区域,确定监测点,明确监测项目,提供必要的设备、设施,配备专职或兼职人员,建立危险源、危险区域的实时监控系统和危险品跨区域流动动态监控系统,对可能发生的突发事件进行监测。

三是建立完善的信息监控制度。公路主管部门针对可能发生的突发事件,不断完善监控方法和程序,建立完善事故隐患和危险源监控制度,并及时维护更新,确保监控质量。

四是建立健全信息报告制度。在现有信息报告制度基础上,扩宽信息报告渠道,建立社会公众信息报告和举报制度,鼓励任何单位和人个人向政府及其有关部门报告危机事件隐患,同时不断尝试新的社会公众信息反应渠道,如开通网上论坛,设立接待日,民情热线和专线连接。

五是建立严格的信息发布制度。通过完善预警信息发布标准,对可能发生和可以预警的突发事件进行预警,规范预警标识,制定相应的发布标准,明确相关单位的职责和义务。同时建立广泛的预警信息发布渠道,充分利用广播、电视、报纸、电话、手机短信、道路信息显示屏和互联网等多种形式发布预警信息,确保广大人民群众第一时间内掌握预警信息,达到减少人员伤亡和财产损失的目的。

(4)加强公路交通应急处置机制建设

公路交通应急处置的时候,主要遵循以下原则:

一是分类分级原则,包括对突发事件的分类分级以及对相应保障机构的分类分级,应依据对突发事件以及相应保障机构的分类分级的结果进行处置。

二是预案核心原则。需要根据以往制定的预案来决定采取哪种应对措施。

三是生命优先原则。在用"构图法"事件处理过程中,应该是指坚持"以人为本"的基本原则,人的生存权为应急处置过程中第一需要考虑的事件。

四是战时协同及授权辅助规定。这就要求各机构之间的合作效率,避免在应急状态下调度物理的情况发生。

五是特定处理原则。当所要处理的突发事件涉及国家安全等特定问题时,还需要有另外的处理原则。

六是坚持效率的原则。争取以尽可能低的行政成本和对行政相对少的损害,来达到有效控制危机状态的目的。

(5)加强公路交通应急善后机制建设

善后机制是指突发事件的威胁和危害基本得到控制或消除后,及时组织开展事后恢复和重建工作,降低突发事件造成的损失和影响,尽快恢复生产、生活、工作和社会秩序,妥善解决处置突发事件过程中引发的矛盾和纠纷的一整套机制。

一是停止应急处置措施。突发事件的威胁或危害得到控制或者消除后,履行统一领导职责或者组织处置突发事件的公路主管部门应当停止执行依照相关法律规定的应急处置措施。

二是开展突发事件事后评估工作。在突发事件处置工作结束后,尽快组织评估,掌握最客观、最准确信息,使评估工作覆盖到突发事件涉及的所有区域,包括直接损失和间接损失,还有物质损失和心理损害。

三是及时开展安抚工作。制定实施补偿、抚恤等安抚计划,妥善解决因处置突发事件引发的矛盾和纠纷。补偿主要有对财产征用的补偿和对依法采取的财产处分行为的补偿。被征用的财产在使用完毕或应急处置工作结束后,应及时返还;财产被征用或征用后损毁、消失的,应当给予补偿。抚恤是在应急处置工作结束后,按照《公务员法》《军人抚恤优待条例》等法律,对突发事件中的因公受伤或致残的人员,或因公牺牲以及病故的人员家属进行安慰和物资帮助。

四是实施恢复重建计划。重建计划应包括:应对突发事件的基本情况,突发事件造成的影响和损失,以及开展的工作和下一步工作安排等,包括基础设施重建、事故善后处置、工程防治补偿、心理干预和事故调查处理。

五是应急工作总结。交通主管部门应当对突发事件处置工作进行全面总结,并向上一级报告。总结应包括:突发事件发生的原因,突发事件的发生过程,突发事件应急情况,突发事件应对中存在的问题,恢复重建情况和加强改进工作的考虑和建议。

第2节 公路交通应急物资储备体系建设

5.2.1 应急物资储备中心建设

1. 国家区域交通应急物资储备中心

由交通运输部根据空间地理条件、危险源集中地以及应急管理需要设立若干"国家区域交通应急物资储备中心"(以下简称"区域物资中心"),专项用于存储公路保通、应急修复的生产、生活各类物资,为跨区域性的高速公路交通应急处置提供支持。

区域物资中心管理单位及负责人由省级交通主管部门派出或者指定,同时报交通运输部。区域物资中心在交通运输部的监督下,由所在地省级交通主管部门负责日常维护管理工作,储存物资必须按照有关要求保证充足和完好,调度和使用物资及装备须经交通运输部交通应急领导小组批准。

2. 省级交通应急物资储备点

省级交通应急物资储备点的设立由省级交通主管部门负责。与区域物资中心的建设相类似,省级交通应急物资储备点采用省市共建、委托管理模式,在布局、规模、保障范围、存储设备的种类和数量方面应与区域物资中心有所区别和互补。同时在新建高速公路工程设计和建设中应当同步考虑沿线储备点建设用地预留。

5.2.2 应急物资储备体系物资需求

1. 公路交通应急储备物资需求

公路交通应急物资主要分为三类,第一类是公路抢通物资,包括编织袋、沥青、碎石、砂石、水泥和麻袋等公路建设材料;第二类是架设桥梁所需材料,如钢材、钢板、战备钢梁、木材或木桩等桥梁架设材料;第三类是除雪所需材料,如融雪剂、防滑料等材料。

2. 公路交通应急储备装备需求

公路交通应急装备主要分为五类,一是公路疏通装备,包括挖掘机、装载机、铲车、汽车起重机、拖车等;二是公路修建装备,包括推土机、平地机等;三是除雪装备,如融雪剂撒布车、除雪工程车、除雪管理车、除雪刮、自动抛雪机、清扫车等;四是运输设备,包括防滑料运输车、翻斗车、半截车、运油车等;五是应急保障装备,包括发电机、水泵、应急通信保障车、应急通信器材、安全标志、警示标志和车辆分行反光锥等。

5.2.3 省级应急物资装备布局

省级公路交通应急保障点选址应是在满足条件下载多个地域内进行选址,可以看成一个多目标选址问题。所以,在建立省级公路交通应急保障点选址问题的模型时,需要明确选取装备应急保障点的数目,以便于建立选址模型。

在公路交通应急保障过程中,选取应急物资保障点的目的是为了解决应急物资调用的时间约束问题,即物资保障在进行物资调度和运输过程时,距离应急救灾位置远,造成不能在应急反应时间内到达事故现场进行应急保障,导致应急物资保障反应迟钝、效率低下的问题。为此,可在应急物资可执行任务的地域范围内选择应急物资保障点,并在该点配置装备保障人员、机具设备和维修备件等装备保障资源,以缩短应急保障资源到事故现场的距离,提高应急保障的反应速度。当应急物资保障点所辐射内的道路条件差、距离远时,可考虑缩短应急物资保障点所辐射范围的半径;当道路条件好、距离较近时,可考虑适当加大应急物资保障点所辐射范围的半径。

在建立应急物资优化目标时,若以时间最短作为优化的目标函数,容易导致系统费用大大提高。所以,本项目以应急物资保障点到所辐射范围的各个顶点的距离之和最小作为目标函数:

$$\text{Min} \sum_{i \in V} d_{ik} y_{ik} \tag{5-1}$$

约束条件:

$$\sum_{k=1}^{b} y_{jk} \leqslant \sum_{j \in w_i} x_j (i \in V) \tag{5-2}$$

$$y_{jk} \leqslant y_{j(k-1)} (i \in V, k = 2, \cdots, b) \tag{5-3}$$

$$\sum_{j \in w_i} x_j = p_j \tag{5-4}$$

$$x_j \in \{0,1\} (j \in W) \tag{5-5}$$

$$y_{ik} \in \{0,1\} (i \in V, k = 1, \cdots, b) \tag{5-6}$$

式中: d_{ik} ——备选的应急物资保障点 i 到达规定突发事件发生点 k 所需的时间;

y_{ik} ——备选应急物资保障点 i 到达规定突发事件发生点 k 所运送的物资量,通过标准化处理后,为$\{0,1\}$间参数;

x_j ——备选应急物资保障点 j 存储物资量,通过标准化处理后,为$\{0,1\}$间参数;

p_j ——规定突发事件发生点 j 所需的物资总量;

b ——规定突发事件发生点 k 的个数;

W ——规定突发事件发生点 b 的集合;

V ——备选应急物资储备点 i 的集合。

约束条件式(5-2)表明从备选应急物资保障点 i 运送出去的所有物资量总和不能超过备选应急物资保障点 i 存储的物资;约束条件式(5-3)表明离备选应急物资保障点 i 越远的突发事件发生点,运送出去的物资量越少;约束条件式(5-4)表明运送到突发事件发生点的所有物资量总和不应超过突发事件发生点物资需求总量。约束条件式(5-5)和式(5-6)表明不同的备选应急物资保障点 i 到达规定突发事件发生点 k 所运送的物资量和备选应急物资保障点 i 物资存储量需具有可比性。

5.2.4 吉林省公路交通应急保障物资储备体系建设

1. 吉林省应急物资和装备储备现状

吉林省从发生灾害频率和特点出发,对经常发生的灾害采取了相关应急物资保障措施,即便出现应急物资不足情况下,也通过与相关应急物资生产厂家签订长期战略伙伴合同,保障在应急状态下的物资充足供应,实现了对应急突发事件的及时响应和快速救援。

根据目前吉林省的应急突发事件类型,全省存储交通应急物资主要分为三类,第一类是公路抢通物资,如编织袋、沥青、石料等公路建设材料;第二类是架设桥梁所需材料,如钢材、木材等桥梁架设材料;第三类是除雪所需材料,如融雪剂、防滑剂等材料。具体应急储备物资布局见图5-4。

图5-4 应急储备物资布局

依据目前吉林省交通灾害分布情况,在东部山区地区受山洪、暴雨侵袭比较多,容易爆发洪水、泥石流等灾害,因此物资存储主要偏向抗洪抢险救灾物资。西部和南部地区经常受洪水影响,易爆发洪水、桥梁冲垮等灾害,因此物资存储偏向公路抢通和桥梁架设等物资。中部地区和南部地区主要受洪水影响,易爆发洪水等灾害,因此物资存储偏向公路抢通物资。

2. 吉林省交通应急救援设备储备现状

吉林省在全省范围内合理布设和规划应急救援设备,加强应急保障能力。吉林省交通应急设备主要分为:公路抢通设备、除雪设备和运输设备。目前,这些设备主要依托各养护部门、养护工程公司和大型建设工程公司进行管理和维护。一方面可以保障设备的维护和正常使用,另一方面可以在调度设备时可以快速响应和尽快赶赴现场。具体交通应急设备储备布局见图5-5。

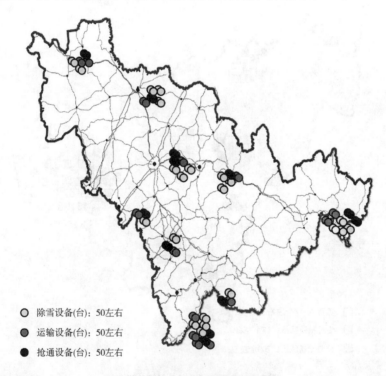

图5-5 吉林省交通应急设备储备布局

吉林省交通应急装备也是依据自然灾害发生频率进行分布。如近年来遭受灾害较为严重的南部地区,其应急设备就比较全面而且多样,公路抢通设备、除雪设备和运输设备在全省存储情况都居前列;东部山区地区受地势影响,除雪工作和物资运输比较困难,应急设备偏向除雪设备和运输设备;西部平原地区主要受洪水侵袭,应急设备偏向公路抢通设备和运输设备,中部地区相比而言应急设备分布比较均衡,一方面用于本地的应急救援工作,另一方面可以辐射各地,提供应急设备支援。

应急救援设备在日常状态下,主要由养护部门和养护公司使用,由于经常使用,容易出现设备老化、陈旧等问题。受养护经费和应急专项经费不足等因素困扰,对应急救援设备的维护和更新主要依托于养护部门和公司本身的经营情况,无法保障应急救援设备的定期维护和实时更新。

3. 吉林省交通应急救援保障队伍现状

吉林省已形成了以综合性应急救援队伍为核心,以专业应急救援队为基础,统一领导、协调有序、专兼结合的应急队伍体系。交通应急救援队伍主要依托各省厅交通主管部门、公路养护段以及养护公司,组建了超过6000人的专业交通应急救援队伍,涵盖了各地市交通主管部门,并成立了公路抢通抢险队伍、桥梁架设抢险队伍、水上抢险救援队伍和运输保障专业队伍。具体交通应急救援保障队伍见图5-6。这些交通应急抢险队伍在去年抗洪抢险过程中发挥了重要作用,并受到了省政府的极度好评,并被授予了"吉林省防汛抗洪抢险救灾先进集体"称号。

☐ 负责人:8个左右

▨ 专业抢险队伍:15个左右

■ 公路抢通队伍:200个左右

图5-6 吉林省交通应急保障队伍布局

4. 吉林省交通物资设备存储存在问题

目前吉林省交通物资储备基本满足了吉林省现有应对交通突发事件能力,但在完善公路交通应急体系建设,加强应急保障能力建设,更加快速开展公路交通应急响应和救援工作还有进一步提升的空间。

应急联动协调机制不够完善。受现有体制影响,部门间联动缺乏具体的操作性规范,妨碍合作行动。当突发事件影响超出省内控制时,两省之间的协调联动将极大影响突发事件处置,管理壁垒对部门协调联动产生阻碍,这就与突发事件应对的应急性和时间的紧迫性相违背,容易产生延误,因此建立省际间信息交流平台,加强沟通和信息共享,才能有效预防突发事件,提高预警信息,实现"早发现、早处理"的应对原则,避免错失应对危机的有效时机。

应急管理制度建设不够完善。目前许多部门都成立了应急指挥中心,但如何有效发挥综合协调职能,明确各应急管理机构之间的职责和功能,建立相关的应急管理制度,应该引起重视。而对应急物资和设备的管理,已初步形成了管理原则,但在具体落实和指导上,还没有相关的制度和方法加以规范和约束,不利于形成整体资源效应,难以形成应对合力,导致重复建设和资源浪费。因此,完善应急管理体制,合理规划应急管理机构职责和功能,有利于优化交通应急资源和设备,改进突发事件处置的成效,加强应急响应能力。

吉林省应急网络布局需更新完善。目前吉林省省级应急处置和管理中心已经形成,地市、县依据发生灾害频率已经有所布局,但是还未形成系统、完善的应急网络,这对应急预防和预警能力建设,应急响应能力都有所影响。因此,合理、完善布设应急物资储备站和应急管理和处置中心,将有利于开展应急管理工作,完善现有的应急管理体系。

应急管理机构设置需要规范化。虽然各地已经逐步建立政府应急管理机构,但存在一些不统一不规范的地方。如有些应急管理机构没有建立在值班室基础上,有些机构设置不齐全,偏向应急处置某一方面工作,有些应急管理机构存在行政层级过低、编制过少问题。因此建立完善的应急管理机构体系,从省、市、县三个层级,考虑应急管理机构设计和布局,为应急管理基础工作,收集应急相关信息,有效预防预警突发事件,奠定良好的基础。

5. 吉林省应急物资装备布局研究

李盛霖部长在2011年全国交通运输工作会议上明确提出,要"加强应急运力和物资储备",并提出了"建设国家级危险品事故应急物资及装备储备库和省级公路交通应急保障基地,建立国家、省、市道路运输应急保障车队"等要求。处于东北地区腹地的吉林省建设区域性公路交通应急物资储备中心,可提高东北区域应急物资储备和调度水平,为应对区域性突发事件提供强有力的支撑。

(1) 吉林省应急管理与处置中心路网布局

吉林省对建立区域性应急管理与处置中心的总体思路是:根据吉林应急突发事件分布情况,依托现有应急管理平台,以辐射150公里左右进行布局,在吉林省中部地区建立1个区域性应急管理与处置中心,在吉林省南部、东部和西部地区各配备1个省级应急管理与中心,利用信息化手段,形成覆盖全省、辐射相邻三省的应急指挥调度平台,提高区域应急整合和响应能力,具体见图5-7。

(2) 吉林省应急物资储备中心路网布局

吉林省对建立区域性应急物资储备中心的总体思路是:根据吉林应急突发事件分布情况,依托现有的物资储备站(库),在吉林省中部地区建立1个区域性应急物资储备中心,在吉林省南部、东部和西部地区各配备1~2个省级应急物资储备中心,利用信息化手段,形成覆盖全省、辐射相邻三省的应急物资储备管理网络,实现区域性物资调度。拟建设的区域性应急物资储备中心位于吉林省中部长春市,即在现有的吉林省交通应急物资储备中心基础上进行改造,以满足区域性物资储备需要,见图5-8。

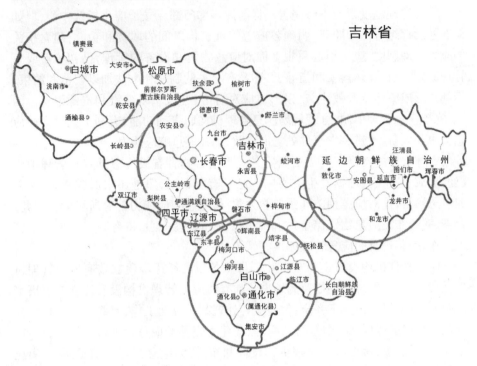

图5-7 吉林省交通管理与处置中心布局

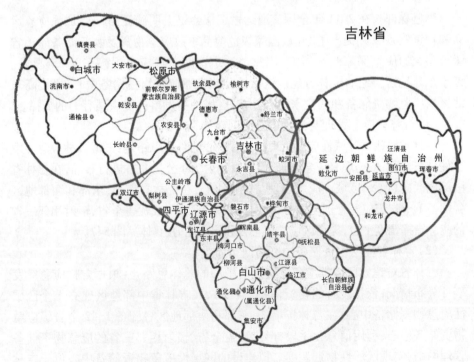

图5-8 吉林省交通应急物资储备中心布局

第3节 公路交通应急管理与处置中心建设

5.3.1 公路网管理与应急处置平台的体系架构

交通运输部和各省级交通运输主管部门可分别建设公路交通应急处置平台，依托平台行使公路交通应急处置职能。省级公路网管理与应急处置平台可以结合本地区实际情况，考虑建设市级公路网管理与应急处置平台。

部级公路网管理与应急处置平台应与国务院应急平台和省级公路网管理与应急处置平台互联互通，收集和处理国家高速公路网、普通国省干线公路、重要客运枢纽的运行监测及有关信息，实时接报特别重大、重大突发公共事件信息和现场图像，实现运行监测、预测预警、研判分析、异地会商、指挥调度和信息发布等功能，并能够向国务院应急平台提供所需的公路交通专业数据和实时图像等信息。

省级公路网管理与应急处置平台应当统筹规划、统一建设。各省交通主管部门根据实际情况既可以将省级交通应急平台和公路网管理与应急处置平台合并建设，作为省级交通应急指挥、公路网管理和应急处置的统一场所，也可以根据实际建设条件和需要，同省级交通应急处置平台分开建设。注重与省级人民政府应急平台以及公安、气象、地震等其他部门应急平台间实现互联互通、数据共享。

省级公路网管理与应急处置平台应与部级公路网管理与应急处置平台、市级公路网管理与应急处置平台互联互通，重点实现监测监控、运行分析、预测预警、信息报告、综合研判、调度指挥、异地会商、信息发布和现场图像采集等主要功能，并能够及时向部级公路网管理与应急处置平台提供所需的数据、图像、语音和资料等。

5.3.2 公路网管理与应急处置平台的总体技术框架

公路网管理与应急处置平台由综合应用系统、数据库系统、通信系统、计算机网络系统、视频会议系统、图像接入系统、数据共享与交换系统和路网管理与应急指挥场所、安全保障体系和标准规范体系等组成。其技术框架如图5-9所示。

1. 综合应用系统

（1）日常综合管理系统

实现日常值班和信息报送、接收管理。通过交通流量检测设备、气象检测仪、视频监控系统、交通事件视频检测器、路侧紧急电话等设备，及时采集高速公路、国省干线重要路段、大型桥梁、长大隧道、大型互通式立交桥、收费站、治超站、服务区、重要客运枢纽等监控目标的交通流量、平均车速、车道占有率、车流密度、气象状况、交通事件、施工占道、交通管制等信息，或通过人工报告交通事件信息,并基于 GIS 地图显示和标绘,及时发现重点监控目标运行的异常情况。

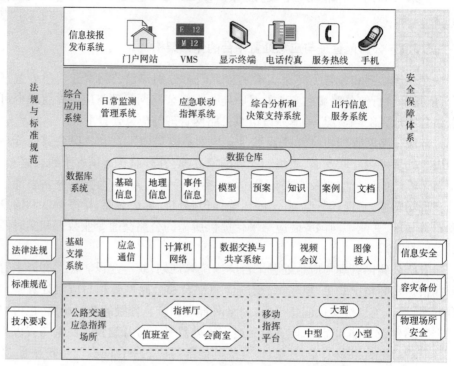

图 5-9　公路网管理与应急处置平台总计技术框架图

（2）应急联动指挥系统

实现对紧急情况接收、处理、综合显示和信息分发;部署调度应急队伍、物资装备等应急资源;实现计划跟踪、执行反馈、过程监督、效果评估等功能;实现对应急管理机构、应急队伍、物资设备、通信保障等人力、物力、财力资源的管理,包括资源监控（应急资源跟踪反馈、应急资源分布、应急资源状态等）,以及资源储备、配置、调度和编码管理等。

（3）综合分析和决策支持系统

基于公路数据库对公路基本属性和空间属性数据进行查询和统计,并通过对路网运行状况历史数据的挖掘分析,建立路网服务水平、路政治超、通行费征收等分析主题,并能够基于 GIS、图表等方式予以展现。在对事件信息进行分析的基础上,调用有关突发公共事件预测预警模型,针对突发事件在未来一段时期内影响范围、发展趋势和程度进行仿真预测和综合研判。

（4）出行信息服务系统

通过出行网站、呼叫中心、短信平台、交通广播、路侧信息发布设备等多种服务方式,向出行人员提供及时准确的路况信息、交通管制信息、交通气象预警信息和其他出行信息服务。

（5）数据库系统

数据库系统包括基础信息数据库、地理信息数据库、事件信息数据库、模型库、知识库、案例库和文档库等。

数据仓库主要存储从公路管理与应急处置平台数据库系统中抽取的相关数据,实现数据的海量存储和管理。

相关公路管理部门和单位负责具体采集、维护、更新工作,按规定的内容、时间、方式汇总报送路况及突发事件信息。

(6)基础支撑系统

包括应急通信系统、计算机网络系统、数据交换与共享系统、视频会议系统和图像接入系统等。

(7)应急通信系统

应急通信系统支持突发事件应急处置时话音、数据、视频等传输。充分利用已建成和规划建设的公众和交通专用通信网络、有线与无线通信资源,实现与各级交通应急平台、路网管理与应急处置平台间以及现场移动平台间的信息传输,确保通信联络的安全、畅通。主要由电话调度系统、多路传真系统、卫星通信系统等组成。

(8)计算机网络系统

计算机网络系统包括局域网和广域网。其中局域网提供各公路网管理与应急处置平台内部数据承载和交换;广域网主要依托现有交通运输行业信息专网资源统筹规划建设,满足日常运行状态和应急信息报送、数据交换和共享、音视频数据传输的需要。

(9)数据共享与交换系统

数据共享与交换系统支撑公路交通应急信息资源共享交换的基础系统。面向部、省两级指挥中心实现公路网日常运行监控数据和应急信息的交换和目录资源共享。

各级公路网管理与应急处置平台应遵循统一的数据共享与交换标准,共享和交换的数据应及时更新,保证数据的完整性和一致性。交换数据统一封装、统一表示,实现不同系统间的数据共享与交换。

(10)视频会议系统

依托现有网络资源统筹规划建设,能够同时召开多个分组会议,会议中具有多路混音功能,能够接入计算机信号,具有混速功能、分屏显示功能,设备可以通过级联或模拟转接方式实现会议延伸,为公路交通突发事件的险情通报、应急会商提供可视化手段。

(11)图像接入系统

依托本地区高速公路、国省干线公路重要路段、大型桥梁、长大隧道、大型互通式立交桥、收费站、治超站、服务区和重要运输枢纽的图像监控系统,由各有关部门负责将图像转换为数字方式,采用数字方式接入部省两级公路网管理与应急处置平台。

图像信息包括上述重点监控目标的固定视频监控图像、移动平台现场图像、下级平台上传的图像、有线及卫星电视信号、互联网图像、指挥场所内图像等。

2. 安全保障体系

严格遵守国家保密规定和信息安全有关规定，采用各种技术手段，逐步完善公路网管理与应急处置平台安全管理机制与相关制度，建立健全安全保障体系。部省级公路网管理与应急处置平台按照不低于第三级的要求实施保护。对于通过外网与各级平台连接的移动公路网管理与应急处置平台，统一按照第三级实施安全保障。

3. 技术标准规范体系

在公路网管理与应急处置平台体系的建设过程中，要遵循通信、网络、数据交换等方面的相关国家或行业标准；在数据定义、数据交换格式、各种文件格式、数据库设计、接口设计等方面要注重信息的共享与信息资源的开发利用，加快制定公路网管理与应急处置平台体系数据共享与交换标准、共享机制和管理办法。

5.3.3 公路网管理与应急处置平台的主要功能

1. 日常监测

日常监测系统通过对路网及运输枢纽运行状态、重要路段和大型桥隧、服务区、治超站点等重点监控目标的信息进行采集、处理、分析，辅以监控视频信息，方便人员进行日常监测和事件预警。

（1）路网运行状态监测

基于 GIS 地图显示，通过对路况的交通量、平均车速、车流密度、能见度、气象等路况信息进行监测，及时发现路网运行异常情况，具体流程见图 5-10。

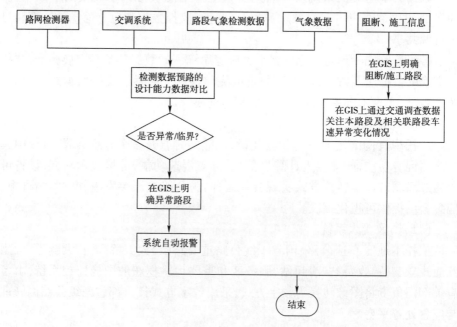

图 5-10 路网监测日常流程示意图

(2)客运站场运行监测

基于 GIS 地图显示,通过对客运站的发送量、流向等信息历史和现状信息进行监测,及时发现客运站运行异常情况,具体见图 5-11。

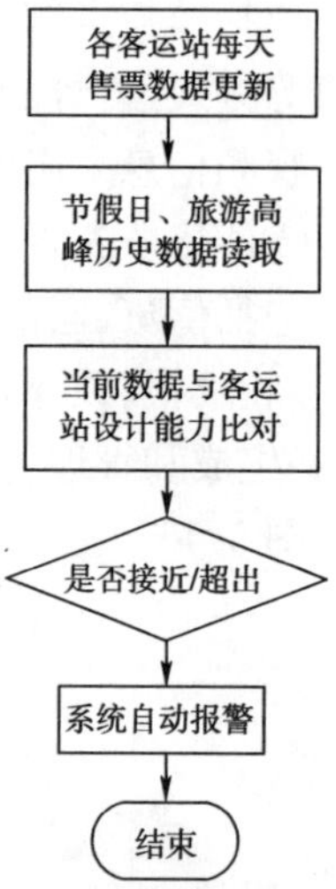

(3)重点路段(场所)视频监控(图 5-12)

基于 GIS 平台和重点地区的摄像头实现该功能,通过摄像头对重点地区如事故易发地、重点路段、客运站进行不同方向、变焦(依据摄像头能力的和云台控制)监控。

监控点定位信息查询:在 GIS 平台上显示监控点或者通过区域、场所等查询项进行选择,在 GIS 显示区域内的监控摄像头。

①视频显示

点击图上某监控点,弹出监控视频窗口,显示该监控点摄像设备拍摄到的信息,并可以通过软件对摄像设备进行控制,包括镜头拉近推远、左右移动、上下移动等操作(根据设备情况而定)。

图 5-11 客运站日常运行监测流程示意图

②视频管理

对摄像头拍下的视频按照预警的信息编号、监测点位置、拍摄时间组合方式进行统一的增加、删除、修改管理。

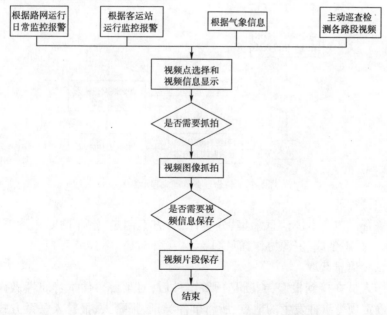

图 5-12 重点路段(场所)视频监控流程示意图

③照片管理

对视频拍下的照片按照预警的信息编号、监测点位置、拍摄时间组合方式进行统一的增加、删除、修改管理。

④监控点信息维护

包括监控点信息录入、修改、删除等功能,系统操作人员可以以 GIS 地图、列表等方式进行操作,并保存到数据库中。

视频信息采用调用的方式进行监控,不在本地进行存储。

⑤值班业务管理

包括值班、通信录、文电公文、电话录音和传真管理;记录信息接收、汇总审核、接收续报、领导指示、信息反馈等;实现对接发信息的查询、汇总统计等功能,并生成和管理各类报表;向相关机构和人员报送经过审批的信息等,具体流程见图 5-13。

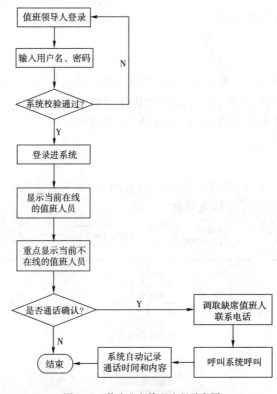

图 5-13　值班业务管理流程示意图

⑥预警管理

预警管理包含事件信息采集、分类评估、方案制定、指挥调度和预警解除。具体流程、日志生成、资源协作详见图 5-14～图 5-16。

a)预警信息获取

操作人员在接到报警,判断是预警事件后,对预警事件本身属性做详细描述。如确定预警事件发生的地点、所属事件类别、报警人、报警人联系方式等信息。信息保存成功后,一方面系统自动弹出该类别的负责人和工作小组的联系方式,还要在 GIS 中定位预计事件的发生地和预计的影响范围。另外开始触发该预警事件的确认评估、指挥调度和善后的流程。

信息采集包含如下信息：预警时间，所属地区，详细地点，事件类别，事件内容，信息来源，报警人姓名，报警人电话，录入人，录入时间，备注。

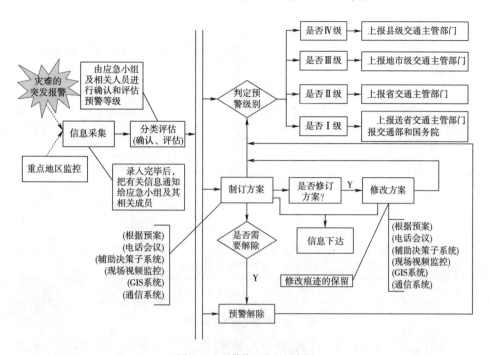

图 5-14　预警管理流程示意图

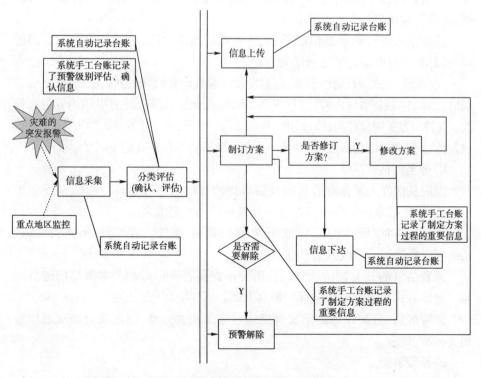

图 5-15　预警过程系统日志生成示意图

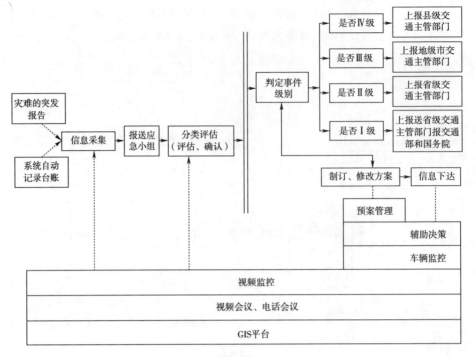

图 5-16　预警资源协作示意图

输出信息如下：联系人姓名,联系人手机,单位名称,联系人单位地址,联系人办公电话,联系人家庭电话,联系人家庭地址,紧急联系人姓名(如联系人配偶、父母),紧急联系人电话等信息。

对联系人进行语音通信联系,支持对电话通话时间、通话号码进行日志记录,同时允许对电话通话进行录音保存。

允许短信方式进行通信联系,短信发送内容自动获取"预警时间,所属地区,详细地点,事件类别,事件内容,信息来源"等内容,允许值班人员对短信内容进行修改。支持对发送短信时间、接收短信号码进行日志记录。对于发送的短信,支持接收人员对短信的回复,回复内容为收到、清楚等内容,系统自动记录回复短信内容。

b）分类评估

由应急指挥人员会商后进行预警事件的详细信息和事件本身级别评估工作,填写该预警事件的详细信息并确认该事件的预警级别。

并且允许对"所属地区,详细地点,事件类别,事件内容"等内容进行修改,系统可以自动记录修改人员和修改时间。

预警信息的分类评估、确认后,需要根据预警级别对相关主管部门进行联系。通信方式为语音电话、短信、传真方式。

预警级别、分类评估的定义参照国家应急相关标准、规定及公路交通应急相关标准、规定。

c）预警解除

对于预警信息已经安全,将该预警信息进行解除,并通知该预警相关人员,通信方式为语音、短信、传真方式,具体每种联系方式要求同"信息采集"中相关说明。

2. 应急联动指挥

对于公路路网经常面临的自然灾害、道路阻断、事故灾难、公共卫生事件、社会安全事件等突发事件,往往涉及多个相关部门,需实现从信息接报及信息联动共享,到根据事件级别制订方案再到指挥调度的全程处理,如图5-17所示。实现这一流程管理,能使调度管理指挥人员准确全面获取应急事件信息,从应急预案库实现应急方案的智能选择,实现各种应急资源的合理调配,并通过一系列手段实现联网联动的指挥调度,缩短应急处置时间,有效地将突发事件对公路运行的影响和损失降低到最低程度。

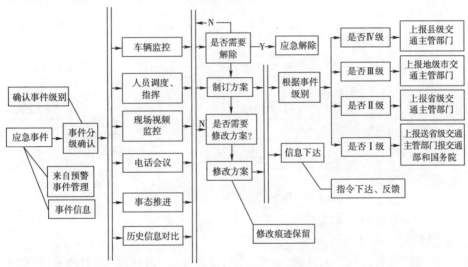

图5-17　应急事件联动指挥流程图

(1)事件信息采集

事件信息来源于两个方面,一个方面是突发紧急事件;另外一个方面是来自于预警信息转换为事件信息。此时预警信息自动为"预警解除",但预警时制订的方案自动"导入"应急事件处置中,保证预警阶段信息连贯,供事件处置方案制订提供参考。图5-18为事件处置过程系统自动记录示意图。

(2)事件分类评估

同"预警管理"中"预警评估、确认",唯一不同的是事件级别而不是预警级别。

(3)制订方案

按照事件来源不同,对于事件为突发性事件,事件确定方案同"预警管理"中"确定方案",对于事件转为预警事件的,可以直接选择预警中确定方案进行修改和完善,也可以直接自定义确定方案。

(4)应急指挥

同"预警管理"中"应急指挥"。

(5) 事件解除

对于应急事件已经安全,将该预警信息进行解除,并通知该预警相关人员,通信方式为语音、短信、传真方式,具体每种联系方式要求同"信息采集(接报信息)"中相关说明。

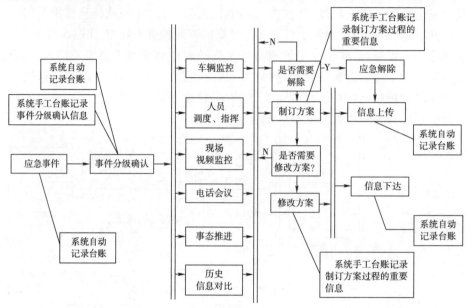

图 5-18 事件处置过程系统自动记录示意图

3. 综合分析和决策支持

(1) 预警、事件信息查询

与 GIS 结合,按时间、地区、事件类别、预警级别(事件级别)对预警(事件)信息的具体内容、最新进展、各项任务的执行情况进行模糊查询。查询后进行预警、事件的详细信息显示,显示信息包括时间、预警本身属性信息、台账信息、制订方案信息、视频信息、通讯记录、后期处置信息,以便对整个预警、事件信息进行历史追溯和查询,为预案的制订、完善提供信息服务。

(2) 预警、事件信息统计分析

可以实现按照事发地、年度、月度、事件级别、事件类别对预警、突发事件进行汇总统计。

可以实现按照行政区划、年度、月份、事件级别、事件类别对预警、突发事件进行多维度组合分析。

可以实现按照行政区划、时间段、事件类别对事件死亡人数、受伤人数、重伤人数进行汇总统计。

可以实现按照行政区划、时间段、事件类别对事件造成总体经济损失、直接经济损失、间接经济损失进行汇总统计。

可以实现按照行政区划、时间段、事件类别对应急人员费用、抚恤、设备补助费用、租用费用等应急中产生的相关费用进行汇总统计。

(3) 突发事件及其影响预测

对历史上突发事件信息进行分析基础上,调用有关突发公共事件预测预警模型,针对突发事件在未来一段时期内可能发生的时间、地点、影响范围、发展趋势和程度进行仿真预测和综合研判。根据事件信息汇总分析、模拟预测和综合研判结果,对比分级指标,确定事件目前预警级别,必要时可对分析进行调整。

4. 出行信息服务

公路交通主管部门及时收集所辖路段通行条件变化信息,如路面结冰、积雪、积水或者因地震、泥石流、山体滑坡等自然灾害或其他原因,影响公路出行安全的,提出预警建议,并通过公路网管理与应急处置平台对外发布。应建立公路交通应急预警信息发布机制,通过出行网站、呼叫中心、短信平台、交通广播、路侧信息发布设备等多种方式对出行者的信息预警,并及时获取出行紧急求助信息。

(1) 出行网站

出行网站将使用文本、图像、视频、音频等多种信息形式面向用户提供公路交通突发事件预警信息服务,通过建设手机网站,可为出行者提供更加便捷服务。

出行网站以 WEBGIS 的展现形式提供公路网实时路况信息、封路、事故等事件信息的发布,支持用户分区域、路段、事件等条件的查询与相应的地图操作,并可给出突发事件的严重程度、预计持续时间,以及可选择的绕行路线等信息。

(2) 呼叫中心

呼叫中心可通过语音实现用户与系统的交互,有很强的互动灵活性,其结构图见图5-19。用户除了查询相关信息内容外,还可以将自己所掌握的出行信息通过呼叫中心上报系统,实现出行信息服务系统的信息多元、完整和准确。交通服务热线还可以快速接受出行者求助并准确传达到相关部门实施救助。

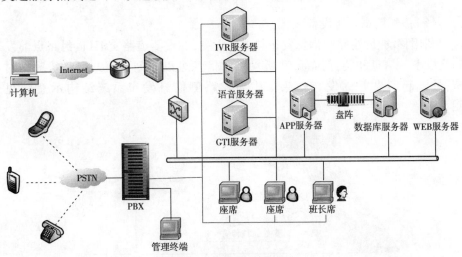

图 5-19 呼叫中心结构图

(3) 短信平台

作为网站、呼叫中心等服务方式的有效补充,手机短信服务方式将为出行者提供更加便捷的预警信息服务。出行者可以通过手机进行短信定制,系统将根据用户的不同需求将适合通过短信发布的路况信息、气象信息、客运信息等,通过手机短信的形式向出行者进行发布。通过"小区短信"的形式还可实现事件影响区域内出行的主动信息发送,提高了预警信息的针对性。

(4)交通广播

通过广播电台,交通部门可以把一些交通的路况信息、交通事故信息及时传达给正在路上的出行者,使他们了解突发事件信息,尽早改变行驶路线,其结构图见图5-20。交通广播的建设应与当地广播电台合作建立,可以由广播电台在公路交通应急指挥中心设立直播间,也可通过专线将信息由公路网管理与应急处置平台送入广播电台直播间。

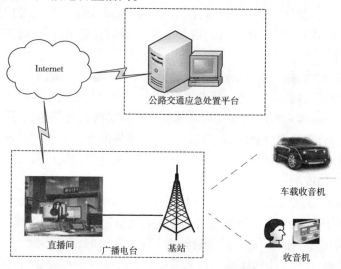

图5-20 交通广播结构示意图

(5)路侧信息发布设备

利用移动、固定路侧信息发布与诱导设备,在重要道路交汇口、封路点前发布突发事件信息和绕行信息,其所发布的信息可以立刻与前方道路状况相对应,可以起到良好的发布效果。移动式路侧信息发布系统结构示意图见图5-21。

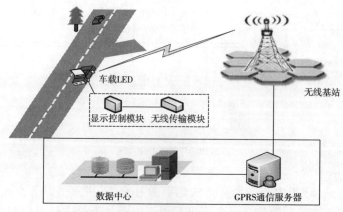

图5-21 移动式路侧信息发布系统结构示意图

第4节 公路交通应急队伍建设

5.4.1 应急队伍建设的原则及目标

1. 基本原则

坚持以政府推动建设为主,积极引导社会力量参与,专业化与社会化相结合,充分发挥各部门、各单位、社会团体和志愿者队伍的作用,着力提高全市应急队伍的应急能力。坚持属地为主、分级分类负责的原则,充分整合现有各类应急队伍资源,形成应对合力。坚持结合实际,统筹规划,突出重点,针对常发、易发灾种确定队伍建设,先急后缓,逐步加强和完善。

2. 工作目标

力争在"十二五"末,综合性应急救援队伍基本建成,重点领域专业应急队伍得到全面加强,应急志愿服务进一步规范,以公路综合应急救援队伍为骨干力量,以专业应急队伍为基本力量,以应急救灾工作组为突击力量,以企事业单位专兼职队伍、应急管理专家队伍和志愿者队伍为辅助力量的应急队伍体系进一步健全,逐步形成统一领导、协调有序、专兼并存、优势互补、保障有力的应急队伍工作机制。

5.4.2 公路交通应急队伍建设思路

1. 加大公路交通应急演练培训投入,提高应急队伍应急响应和救援能力

加强应急管理人才、专业人才和技能人才队伍建设,充分发挥专家学者的专业特长和技术优势;强化各级交通主管部门所辖区域内的应急运输队伍基本情况的普查工作,建立部、省、市三级应急运输资源基础数据库和调动方案。

各地交通运输主管部门和道路运输管理机构应根据辖区内突发事件道路运输应急保障工作的特点,有计划、有重点地定期组织开展道路运输应急保障专项预案演练、人员培训和能力评估工作,及时发现问题,修订完善应急预案,提高保障能力。必要时,开展道路运输应急演练和人员培训,与国防交通部门密切配合,并有计划地纳入国防交通专业保障队伍训练一并进行。

加强对各级干部的应急管理知识培训。提高各级干部特别是领导干部对应急工作重要性的认识,熟悉道路运输应急工作的体制、机制和法规政策,提高应急管理能力和应急指挥决策水平。

强化各级应急管理部门专业工作人员的业务学习和培训。了解国际、国内应急管理的理念和发展趋势,学习和掌握应急管理业务知识,学会使用各种现代化指挥工具,熟悉应对突发事件的工作流程,提高应急业务能力。

加强运输企业等基层单位和人员的培训。在重点地区和基层组织,开展有针对性的应急演练,使交通运输从业人员能够基本掌握防灾自救和应对突发事件的知识和技能,提高基层第一线工作人员现场应急应对能力。

2. 加强应急队伍建设，建立道路运输应急保障车队制

国家级应急抢险保通队伍，由武警交通部队作为国家交通应急抢险救援的专业与突击力量，在执行应急救援任务时，实行武警总部和交通运输部的统一指挥。根据武警交通部队力量，在灾害频发地区以及公路路网的重点路段和节点，部署专门力量。地方应急抢险保通队伍由高速公路养护管理部门、路政管理部门、养护工程企业等为主组建，公路交通应急运输保障队伍可依托区域内大型公路运输企业组建。对应急抢通和应急运输队伍，应通过税费减免、燃油补贴、事后补偿等手段，保证企业合法利益。

按照"平战结合、分级储备、择优选择、统一指挥"的原则，建立国家和地方道路运输应急保障车队，构建道路运输应急能力保障体系。

(1) 建立国家道路运输应急保障车队

以省为基本单元，与交通战备运输保障相结合，构建国家应急运输保障车队，队伍建设主要以省级交通主管部门为主，交通运输部利用道路运输应急专项资金对车队专用车辆的购置予以补贴。充分利用道路运输市场运力资源，按照市场规则，依托大型道路运输企业，落实应急运力储备，保证重大应急保障先期运力起动迅速、及时，提高道路运输应急处置效率。该车队不但负责应急状态下的人员和物资的运输，同时要满足国家战备物资运输的需要，真正锻造一支"平时服务、急时应急、战时应战"的过硬应急保障队伍。

(2) 建立地方道路运输应急保障车队

以地市为基本单元，分别组建道路客、货应急运输保障队伍。应急队伍组建应尽量依托实力较强的道路客货运输企业，通过协商达成突发事件运力调用协议，明确纳入应急运力储备的车辆数量、类型、技术状况，以及对运输人员和车辆管理的要求、应急征用的条件和程序、征用补偿的标准和程序以及违约责任等，通过协议规范应急运输保障行为，并保障参与应急运输保障企业的利益。

(3) 合理布局应急集结地和维修点

以客货运输站场为依托，合理布局应急运输队伍集结地，继续完善客货运输站场停车、食宿、维修、调度、加油、物资储备等应急功能；充分考虑集结地和运输途中车辆维修需要，合理布局应急维修点，结合辖区内维修市场情况，指定具备一定实力的维修企业纳入应急体系，组建应急维修救援队伍。各维修企业应按照应急预案要求做好预警、应急准备，做到设备、人员到位。

5.4.3 吉林省公路交通应急队伍建设

1. 吉林省应急队伍布局现状

为强化应急救援队伍建设，确保交通应急实战能力。吉林省公路局组建了近6700人的专业交通应急救援队伍，包括公路抢通抢险、桥梁架设抢险和运输保障队伍等，邀请专家进行专业化应急培训，其数量分布及布局图见表5-1及图5-22。

吉林省应急队伍现状表（单位：人） 表5-1

区　　域	负　责　人	专业抢险队伍	公路抢通队伍	合　　计
长春	35	29	867	931
吉林	24	9	487	520
辽源	8	28	505	541
通化	26	35	310	371
白山	21	116	809	946
松原	16	40	858	914
白城	6	67	970	1043
四平	11	13	263	287
延边	49	367	658	1074
长白山管委会	11	6	51	68
总计	207	710	5778	6695

□ 负责人：8个左右
▨ 专业抢险队伍：15个左右
■ 公路抢通队伍：200个左右

图5-22 吉林省交通应急保障队伍布局

2. 应急队伍管理、培训及演练现状

公路交通管理部门十分重视应急演练的开展工作。贯彻落实国务院应急办《突发事件应急演练指南》，根据公路交通防范重点，加强应急演练备案管理和指导监督,推进演练工作规范化、制度化。各级交通运输主管部门主要组织开展了公路交通中断等应急演练工作,还先后组织参与了一些省级大型综合演练,如吉林省公路局针对锦江大桥垮塌、通化市对集锡公路山体滑坡等进行了实况演练。2009年以来,全省共开展各级各类应急预案演练3900多次,不仅次数频繁,而且所涉及的模拟情景也十分多样,起到了检验预案、锻炼队伍、宣传教育的作用。

此外,吉林省公路主管部门根据《吉林省应急管理科普宣教工作总体实施方案》,开展多种形式应急管理科普宣教工作,邀请知名的应急管理专家为省直部门领导和应急管理干部作专题讲座;省委党校、行政学院已将应急管理纳入各级领导干部学习培训内容;省政府应急办更将交通系统与气象、质监、卫生等系统相结合,共同举办应急管理专题培训班。各地方公路交通管理部门也都通过专家授课、培训讲座、知识竞赛、免费发放应急管理知识手册等形式,推进应急知识普及工作。

3. 吉林省应急队伍建设总体布局

在综合考虑9个市(州)的应急管理开展工作,结合各州市山区和平原特点,依据公路交通应急指挥体系架构、各地突发事件类型,应急指挥站点布设原则及布局、实施原则,在吉林省范围内建立1个省级指挥中心和4个公路交通应急指挥分中心(图5-23),实现在最小范围内,最快调动应急队伍和资源,最有效进行突发事件应对和救援的要求。

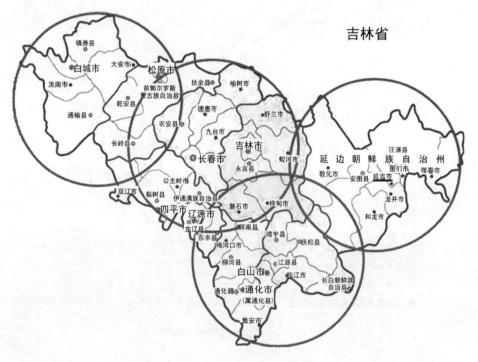

图5-23 交通应急队伍分中心布局

第5章 公路交通应急管理保障能力建设

本章小结

本章从应急预案体系建设、应急物资储备体系建设、公路交通应急管理与处置中心建设和公路交通应急队伍建设4个方面阐述了公路交通应急保障能力建设的关键环节,并结合吉林省公路交通应急管理体系建设的实际,给出了具体的方案,为我国公路交通应急管理体系的建设积累了经验。

问题

1. 公路交通应急预案体系应由哪几部分构成?
2. 省级交通应急物资装备储备布局应遵循什么原则?
3. 省级公路应急管理及处置中心应实现怎样的功能,为了实现这些功能,在体系框架上应如何考虑?
4. 吉林省公路应急队伍建设未来的发展方向是什么?

课外阅读

国家安全监管总局办公厅关于加快建立安全生产应急预案与应急资源数据库的通知

安监总厅应急〔2009〕172号

各省、自治区、直辖市及新疆生产建设兵团安全生产监督管理局:

按照加强安全生产"三项建设"工作要求,为加快安全生产应急预案与应急资源数据库建设,掌握各类应急资源,为安全生产应急管理和事故应急救援提供基础支持,进一步提高事故应急处置能力,现就有关事项通知如下。

一、切实提高对应急预案与应急资源数据库工作的认识

建立安全生产应急预案与应急资源数据库是全面加强应急管理工作的需要,是安全生产应急平台建设的基础性工作,也是今年安全生产应急能力建设的内容之一。《国务院关于全面加强应急管理工作的意见》(国发〔2006〕24号)

提出明确要求：要加强对预案的动态管理，不断增强预案的针对性和实效性；要加强应急管理基础数据库建设，实现资源共享，为妥善应对各类突发公共事件提供可靠的基础数据。地方各级安全监管部门要结合安全生产"三项建设"，将安全生产应急预案和应急资源数据库建设作为一项重点工作，加强领导，制订方案，落实措施，尽快取得成效。

二、应急预案与应急资源数据库建设目标

按照"分级负责、分类管理"原则，至2010年年底，初步建立国家、省、市、县四级安全生产应急预案与应急资源数据库（包括应急预案数据库、应急救援队伍数据库、应急专家数据库、应急物资和装备数据库），通过国家安全生产应急指挥平台或国家安全生产信息系统实现互联互通，做到各类应急预案和应急资源信息及时采集、更新、查阅、审查、统计分析和资源共享。

三、工作措施和要求

（一）各省（区、市）安全监管局要按照应急预案与应急资源数据库建设目标制订具体建设方案，明确机构和人员，认真组织落实。要遵循《国家应急平台体系部门应急平台数据库表结构规范（试行）》（安监总厅应急〔2008〕42号转发）和《应急信息资源分类与编码规范（试行）》（安监总厅应急〔2009〕1号转发）进行建设。各省级安全生产应急管理机构要利用本地区安全生产应急平台或国家安全监管总局专用网信息平台，建立安全生产应急预案与应急资源数据库。

（二）国家安全生产应急救援指挥中心会同国家安全监管总局通信信息中心开发了应急预案与应急资源数据库单机版软件及其网络版软件，已通过技术鉴定。单机版软件及其使用手册和填报说明可通过国家安全生产应急救援指挥中心网站（www.yjzy.chinasafety.gov.cn）下载，网络版软件可向国家安全监管总局通信信息中心免费索取。国家安全监管总局通信信息中心负责应急预案与应急资源数据库建设的技术服务，免费提供安全生产应急预案与应急资源数据库软件、信息平台和人员培训（电话：010－64464836，010－64464839；电子邮箱：xtyfc@chinasafety.gov.cn）。

（三）请各省（区、市）安全监管局将应急预案与应急资源数据库建设工作方案及联系人，于2009年年底前报送国家安全生产应急救援指挥中心信息管理部。

国家安全监管总局办公厅
二〇〇九年十一月九日

卫生部办公厅关于做好突发事件紧急医疗救援信息报告工作的通知

各省、自治区、直辖市卫生厅局,新疆生产建设兵团卫生局,中国医学科学院、卫生部北京医院、中国医学科学院北京协和医院、中日友好医院:

为及时、准确掌握自然灾害、事故灾难和社会安全事件的人员伤病及救治情况,确保紧急医疗救援工作有效开展,现就进一步加强突发事件紧急医疗救援信息报告管理工作提出以下要求:

一、提高认识,加强管理

及时准确掌握相关突发公共事件信息是实现快速有效处置的前提,也是卫生应急工作的核心内容之一。地方各级卫生行政部门和各级各类医疗机构要充分认识做好突发事件紧急医疗救援信息报告工作的重要性,切实加强管理,采取有效措施,落实信息收集报告职责,确保信息报告的及时性、准确性、完整性,为紧急医疗救援工作全面、有效开展提供充分、必要的决策依据。

地方各级卫生行政部门要将相关信息收集报告工作作为工作评估考核的重要内容之一,加强对本辖区突发事件紧急医疗救援信息报告的督导检查,定期汇总、分析辖区内突发事件紧急医疗救援信息报告情况,并在必要时予以通报。

二、加强协调,密切沟通

强化与相关部门、单位沟通协调是及时获取信息的关键。各地要建立相关部门、行业和地区间突发事件紧急医疗救援信息通报机制。地方各级卫生行政部门要与政府应急办以及公安、交通、铁路、安全生产监管等部门建立突发事件紧急医疗救援相关的信息通报机制。各地急救中心(120)要与辖区内公安110、消防119、交通安全122等专业机构建立信息互通和应急联动机制。

突发事件伤员救治工作涉及两个及以上同级别行政区域时,承担主要救援任务的卫生行政部门要与相关地区卫生部门间建立信息沟通和工作协调机制,统一收集和报送医学救援信息。突发事件伤病员转送和转院过程中,相关急救中心和医疗机构要做好伤病员医疗救治信息资料的交接工作,相关信息要及时报告上级卫生行政部门。

三、把握重点,注重时效

各地要把握重点,特别重视信息报告时效。对于涉及10人及以上人员伤亡的事件，各地急救中心和各级各类医疗机构在接到报告或在收治伤员并初步确认后，应当立即向所在地卫生行政部门和上级卫生行政部门报告基本情况，并及时续报。地方各级卫生行政部门在接到特别重大、重大级别突发事件或在敏感时期、敏感地区、敏感人群发生的突发事件医学救援信息时，应当立即同时向同级人民政府和上一级卫生行政部门报告，在紧急情况下，可先以电话或短信形式报告简要情况，再进行书面报告。较大、一般级别的突发事件医疗救援信息报告按照相关预案和规定执行。医疗救援信息报告内容重点包括突发事件发生时间、地点、致伤人数和医疗救治工作情况及需要提供的支持援助等，突发事件的级别、事件原因、现场死亡人数、事件伤员身份等非医学救援紧密相关信息可暂不涉及。

四、规范报告，简化形式

各地要规范突发事件紧急医疗救援信息报告形式和内容。根据实际情况，地方各级卫生行政部门可采取初次报告、进程报告和终结报告的形式报送紧急医疗救援信息。初次报告内容应当包括：事件发生时间、地点、事件类别、医疗机构接诊和收治伤病员人数及伤情分类，已采取的医学救援措施，是否需要上级卫生行政部门支持等。进程报告应当包括：伤病员门诊留观和住院治疗人数、伤情分级及转归、在不同医院的分布情况，进一步的医学救援措施等。终结报告应当包括：突发事件伤病总体情况、紧急医疗救援工作整体开展情况、问题与经验教训、改进措施和建议等内容。各地、各单位报告可结合实际情况，采取工作简报、信息专报、专题报告等多种形式，简化程序，快速报送突发事件紧急医疗救援信息。初次报告和伤病情每日统计报告可以固定表格形式报送。特别重大和重大突发事件发生后，在伤员病情尚未稳定的应急救治阶段，应当每日报告医疗救治信息。

国家安全监管总局关于加强基层安全生产应急队伍建设的意见

安监总应急〔2010〕13号

各省、自治区、直辖市及新疆生产建设兵团安全生产监督管理局，各省级煤矿安全监察机构，各中央企业：

基层安全生产应急队伍是安全生产应急管理和生产安全事故应急救援的基础力量，是安全生产应急体系的重要组成部分，同时也是自然灾害等其他突发事件抢险救灾的重要力量。为深入贯彻落实《突发事件应对法》和《国务院办公厅关于加强基层应急队伍建设的意见》(国办发〔2009〕59号)，加强基层安全生产应急队伍建设，全面提高基层安全生产应急能力，现提出如下意见：

一、基本原则和建设目标

（一）基本原则。坚持以安全生产专业应急队伍为骨干，以兼职安全生产应急队伍、安全生产应急志愿者队伍等其他应急力量为补充，建设覆盖所有县（市、区）、街道、乡镇的基层安全生产应急队伍体系；坚持统筹规划，各负其责，充分整合利用现有资源，建设与本地、本企业安全生产需要相适应的基层安全生产应急队伍；坚持以矿山、危险化学品应急队伍建设为重点，以处置和预防生产安全事故为主业，努力拓展抢险救灾服务功能，建设"一专多能"的基层安全生产应急队伍；坚持依靠科技进步，依靠专业装备，依靠科学管理，内练素质、外树形象，不断提高基层安全生产应急队伍整体水平。

（二）建设目标。通过三年的努力，重点县（市、区）和高危行业大中型企业全部建立安全生产应急管理和救援指挥机构，其他县（市、区）以及所有社区、街道、乡镇和小型企业都有专人负责安全生产应急管理工作；县（市、区）、社区、街道、乡镇根据实际需要建立或确定本地有关高危行业（领域）安全生产专业骨干应急队伍；矿山、危险化学品等高危行业大中型企业普遍建立专职安全生产应急队伍，其他生产经营单位建立兼职安全生产应急队伍并与邻近专业应急队伍签订救援协议；安全生产专业应急队伍与其他应急队伍之间的协调配合机制进一步健全，社会安全生产应急志愿者队伍服务进一步规范，基本形成由专业队伍、辅助队伍、志愿者队伍构成的基层安全生产应急队伍体系和"统一指挥、反应灵敏、协调有序、运转高效"的基层安全生产应急工作机制，预防和处置各类生产安全事故的能力明显提高。

二、加强基层安全生产应急队伍体系建设

（一）加强安全生产专业应急队伍建设。按照建设目标要求，大中型矿山、危险化学品等高危行业企业应当依法建立专职安全生产应急队伍（其中矿山救护队必须按照相关建设标准取得相应的资质）。各地要根据本行政区域内矿山、危险化学品企业分布情况和企业专职应急队伍的建立情况，采取依托企业专职应急队伍或独立组建的方式，建立本行政区域安全生产骨干应急队伍，以满足本行政区域预防和处置生产安全事故的需要。地方要为骨干应急队伍配备先进适用装备，给予政策扶持，确保其健康持续发展。基层安全监管监察部门要积极配合和大力支持交通、铁路、质检、电力、建筑等部门建设基层专业应急队伍，建立和完善区域专业联防体系。各地要将矿山医疗救护体系建设纳入本地应急医疗卫生救援体系和安全生产应急救援体系之中，同步规划、同步建设。要依托本地大中型矿山企业医院建立矿山医疗救护骨干队伍，并督促指导矿山企业加强医疗救护队伍建设，将矿山医疗救护网络延伸到每一个矿山企业直至井(坑)口、车间,进一步完善三级矿山医疗救护网络。

(二)强化兼职安全生产应急队伍建设。未明确要求建立专职安全生产应急队伍的生产经营单位,要建立兼职应急队伍或明确专兼职应急救援人员,并与邻近专职安全生产应急队伍签订应急救援协议。本行政区域没有矿山、危险化学品等高危行业企业的地方,要加强其他专业安全生产兼职应急队伍建设,或整合本行政区域应急救援力量组建安全生产兼职应急队伍,或依托本行政区域综合应急队伍充实安全生产应急救援力量,以满足本地生产安全事故应急工作的需要。遇险时,兼职应急队伍应充分发挥就近和熟悉情况的优势,在相关应急指挥机构组织下开展先期处置,组织群众自救互救,参与抢险救灾、人员转移安置、维护社会秩序,为专业应急队伍提供现场信息,引导专业应急队伍开展救援工作,并配合专业应急队伍做好各项保障,协助有关方面做好善后处置、物资发放等工作。平时,兼职应急队伍应发挥信息员作用,发现事故隐患及时报告,协助做好预警信息传递、灾情收集上报和评估等工作,参与有关单位组织的隐患排查治理。

(三)加快安全生产应急志愿者队伍建设步伐。基层安全监管监察部门要充分发挥社会志愿者的作用,把具有相关专业知识和技能的志愿者纳入安全生产应急志愿者队伍。要组织对志愿者的安全生产应急知识培训和救援基本技能训练,建立规范的志愿者管理制度。要发挥志愿者的就近优势,险时立即集结到位,在相关应急指挥机构统一指挥下,组织群众疏散,协助维持现场秩序,开展家属安抚和遇险人员心理干预,收集和提供事故情况,配合开展相关辅助工作。

三、提高基层安全生产应急队伍装备水平

(一)加强基层应急队伍装备建设。基层安全监管监察部门要对本区域应急救援技术装备配置进行统筹规划,协调和督促有关单位按照有关规程和标准规范为基层安全生产应急队伍配备充足的、先进适用的应急救援装备和器材。同时,要支持和督促本地安全生产专业骨干应急队伍配备比较先进的、必要的装备和器材,以适应本地生产安全事故救援工作的需要。

(二)大力推进应急装备的技术进步。要加强应急新技术、新装备的推广、应用,不断提高应急工作的科技水平,推动事故救援现场装备的信息化、安全化、高效化。有条件的地方,要积极引进、消化国外先进的救援技术、装备,不断提高应急处置能力。

(三)加强基层应急信息平台建设。基层安全监管监察部门和有关生产经营单位要加强信息化建设。要加强服务信息平台建设,利用现有的计算机终端与安全生产应急平台联网;地方要积极创造条件,针对危险源、重点部位布设电子监控设备,逐步实现对辖区内的安全生产状况的动态监控和信息、图像的快速采集、处理;生产经营单位应积极建立安全生产应急平台,重点实

现监测监控、信息报告、综合研判、指挥调度等功能,实时为上级管理部门及服务区域安全生产应急基地提供相关数据、图像、语音和资料。基层安全生产应急工作机构要建立应急终端,并与基层政府和有关部门及有关生产经营单位的应急平台和系统联网,实现应急信息传递的高效、便捷,提高队伍的应急响应速度。

四、加强基层安全生产应急基础工作

(一)加强基层应急队伍制度建设。建立健全应急值守、接警处置、预防性检查、培训考核、训练演练、装备器材维护与管理、技术资料管理、财务后勤管理等各项制度;建立各类工作记录和档案,如值班、会议、训练和演练、事故处理等记录以及装备管理、事故处理评估报告、隐患排查情况等档案资料;加强培训和训练工作,通过日常训练、培训、技术竞赛、经验交流、模拟实战演习等多种形式提高救援技能,提升实战能力。

(二)加强基层应急队伍的培训和训练。各级安全监管监察部门要把基层安全生产应急人员和志愿者的教育培训纳入安全生产应急管理教育培训体系之中,分类组织对基层应急人员和志愿者进行专门培训,使基层各级各类安全生产应急人员和志愿者熟悉、掌握应急管理和救援专业知识技能,增强先期处置和配合协助专业应急队伍开展救援的能力。同时,要加强应急知识的宣传和普及,使基层应急人员和志愿者充分了解应急知识,提高组织指挥和预防事故及自救、互救能力。

(三)增强基层应急救援队伍的战斗力。各级安全监管监察部门要引导基层安全生产应急救援队伍采取有力措施,不断提高战斗力。要强化理论武装、强化政治工作、强化作风锤炼,搞好思想政治和作风建设;加强事故案例分析和救援经验总结评估工作,持之以恒地开展技战术研究,不断探索应急救援的规律和有效方法,不断提高救援的科学性、实效性;开展地震、泥石流、山体滑坡、洪灾、建(构)筑物坍塌、隧道冒顶等灾害、事故的应急救援技能训练,扩充配备相应装备,努力拓展救援服务功能,实现一专多能;在基层安全生产应急救援队伍中大力开展"技术比武"和"创先争优"活动等。通过一系列措施,使基层安全生产应急救援队伍的战斗力不断得到提升。

(四)加强基层应急联动机制建设。基层安全监管监察部门要全面掌握本行政区域内的各类安全生产应急资源,推动建立本行政区域各类应急队伍之间、基层应急队伍与地区骨干应急队伍之间、基层应急队伍与国家级应急救援基地之间的应急联动机制。要明确安全生产应急工作各环节的主管部门、协作部门、参与单位及其职责,确立统一调度、快速运送、合理调配、密切协作的工作机制,实现应急联动。要结合实际,组织开展形式多样的、有针对性的应急演练,特别要组织开展多地区、多部门、多单位和多应急队伍参与的综合性应急演练,增强地方、部门、生产经营单位、其他社会组织及应急队伍的协同作战能力。

五、健全完善基层安全生产应急体制和政策措施

（一）加强安全生产应急管理组织体系建设。各地要在推动市（地）、重点县（市、区）和高危行业大中型企业建立安全生产应急管理机构，并做到机构、编制、人员、经费、装备"五落实"的同时，引导促进社区、街道、乡镇按照属地管理原则，明确机构，明确人员，确保有人管、会管理、管得好。居委会、村委会等群众自治组织，要将安全生产应急管理作为自治管理的重要内容，明确落实安全生产应急管理工作责任人，做好群众的组织、动员工作。

（二）建立基层应急队伍的经费保障制度。基层安全监管监察部门要将加强基层安全生产应急队伍建设作为履行政府职能的一项重要任务，融入日常各项工作中。要制定完善基层安全生产应急队伍建设标准，搞好基层安全生产应急队伍建设示范工作。要不断总结典型经验，创新工作思路，积极探索有利于推动基层安全生产应急队伍建设的有效途径和方法。各地和生产经营单位要根据本行政区域、本单位安全生产工作的特点和需要，加强安全生产应急队伍建设，把安全生产应急队伍建设纳入本行政区域、本单位年度计划和"十二五"规划中，统一规划、统一部署、统一实施、统一推进。要加大基层安全生产应急队伍经费保障力度大基层安全生产应急队伍经费保障力度，建立正常的经费渠道和相关制度，努力争取将基层安全生产应急队伍建设的工作经费纳入同级财政预算。

（三）建立健全有利于基层应急队伍健康发展的政策措施。各省级安全监管监察部门要会同有关部门尽快完善基层安全生产应急队伍建设的财政扶持政策。要建立完善应急资源征用补偿制度、事故应急救援车辆执行应急救援任务免交过路过桥费用制度和基层应急救援有偿服务制度；要制定救援队员薪酬、津贴、着装、工伤保险、抚恤、退役或转岗安置等政策措施，解决基层安全生产应急队伍的实际困难和后顾之忧；要建立应急救援奖励制度，对在事故救援、事件处置工作中做出贡献的单位和个人要及时给予奖励和表彰，对做出突出贡献的单位和个人要联合人力资源、工会、共青团等部门和组织授予荣誉，提请政府给予表彰；要建立安全生产应急救援公益性基金，鼓励自然人、法人和其他组织开展捐赠，形成团结互助、和衷共济的好风尚。此外，要制定推进志愿者参与安全生产应急救援的指导意见，鼓励和规范社会各界从事安全生产应急志愿服务。

六、加强领导，落实责任，全力推进基层安全生产应急队伍建设

各级安全监管监察部门在安全生产有关行政许可审查中，要依法加强对安全生产应急队伍建设条件的审查。要审查基层生产经营单位是否有符合要求的专兼职应急管理机构、人员和应急队伍，是否与有资质的应急队伍签订了协议。同时，要建立安全生产应急队伍报备制度，及时掌握基层应急队伍建立情况，加强对应急队伍建设的指导。省级安全监管监察部门要切实加强对基层安全生产应急队伍建设的领导,经常研究,抓住不放。尤其要抓好典型示范,督促和指导辖区内市(地)、重点县(市、区)建立健全安全生产应急管理和救援指挥机构,落实工作责任,以推动基层安全生产应急队伍建设工作的更好开展,促进基层安全生产应急队伍健康快速发展。

国家安全生产监督管理总局
二〇一〇年一月二十二日
国家安全监管总局办公厅
二〇〇九年十一月九日

第6章 公路交通应急管理处置能力建设

第1节 公路交通应急响应能力建设

6.1.1 公路交通应急响应能力建设基本框架

根据发达国家的交通应急管理体系,可知在实际应用中,公路交通应急响应能力必须包含四个要素,即预案、人、物和钱(图6-1)。下面将简单介绍这四个要素在公路交通应急响应能力建设中的作用。

图6-1 公路交通应急响应能力四要素

1. 应急队伍抢险救灾能力

应急队伍不仅指应急抢险队伍还包括应急领导小组。对于应急领导小组而言,必须具备现场指挥调度能力、果断决策能力和物资调度能力。而应急抢险小组则必须具备抢险救灾所使用的设备操作能力和交通基础设施建设能力,以保证交通设施的畅通和安全。

因此在建设应急队伍抢险救灾能力时,主要是通过应急救援演练和危险品泄漏防护知识等一系列应急知识培训,来提高应急抢险队伍抢险能力和提高应急救援效率。

2. 应急物资储备和调度能力

应急物资储备首先需要建立物资需求体系,也就是通过了解当地灾害类型和发生频率,来确定储备的物资类型及数量。同时还需要考虑物资储备是全部存放在仓库,还是通过与公司签订协议,由公司和一些事业单位共同承担物资运输和存放工作。

此外,在物资储备体系建设中还需要考虑物资储备点的建设,物资装备配备情况及其布局及物资调度原则。如果通过与私营企业和养护段等交通养护部门合作,还需明确在突发事件发生后,可征用的物资和装备情况,以保证在突发事件发生后,可以有充足的物资和装备送往灾区。

3. 应急资金筹措和补偿能力

应急资金主要有三个来源,分别是应急专项资金、用于养护建设的资金,还有上级下拨的专项救灾资金。目前,各省的应急专项资金还没有明确的体系,有些省份设立了,大多数省份考虑到突发事件的不可获知性,都没有设立。而养护建设资金,目前各省都有。当发生突发事件后,一般省份处理方法是先从养护建设资金里调用,然后在灾后重建后,就补贴回来。而上级下拨的专项救灾资金则是国家及政府视灾害严重程度下拨的资金,一般用于灾后重建和安全生产。

由于突发事件发生后,应急经费不可能一步到位,所以很多物资及装备都是采取先征用后补偿的方式。因此在应急资金补偿时,必须考虑征用物资的补偿,以及征用设备的返还。除此之外,还需要拿出一部分资金用于灾害重建和安全生产,以保证灾后交通能够恢复到从前,或者通过灾害重建完善和改进现有的公路运行体系。

由这四个要素构成的交通应急响应能力,在发生自然灾害和人为突发事件情况时,如何利用和把握四个方面要素还不尽相同,因此本课题主要分析了三种条件下的应急响应能力建设。其中自然灾害主要分析了道路中断以及低温雨雪天气的应急响应能力建设,对于人为突发事件主要分析的是危险品运输和公共安全事件下的应急响应能力建设。

6.1.2 特殊情况下的应急响应能力建设

1. 道路中断下的应急响应能力建设

(1)道路中断下的交通应急响应措施总体思路

应对道路中断下的交通应急响应能力建设主要分为三个部分,分别是前期准备工作、中期响应工作和后期恢复工作。

①前期准备工作——预警排查

加强预测预警。通过电话、短信、传真等方式向各主管部门发布预警信息,将高危地区人员和设备进行转移。

加强值班值守,保障信息畅通。24小时值班制度、领导干部代班制度、岗位责任制,实行零报告制度。

对重点路段、险段和大中桥梁,加派专人看守,并对险情预报和如何抢险救灾进行规定和处置措施。

组织路段排查,及时处置公路桥梁隐患,特别是桥涵、隧道、高路堤和防护工程。做好应急物资和人员准备工作。

②中期响应工作——公路抢通

组织专业人员和机械设备,成立应急救灾工作组,奔赴现场,指导应急救灾抢险工作。

制定临时抢通方案,抢修公路,保证百姓出行和救灾物资运输。

应急资金准备,预拨抢险救灾资金。

向收费站下发通知,设立"应急专用通道",确保物资运送车辆快速安全通过。

路政、养护部门加大对公路沿线设施的巡查和排查,对危险地段设立醒目警示标志,防止事故发生。

每天及时发布气象信息,做到提前预警,发挥天气预报对抢险救灾的指导作用。

加强值班值守工作,原有基础上,再加派人手进行值班。

向主流媒体发布公路阻断信息,提供路况信息服务。

③后期恢复工作——公路保通

成立灾害恢复重建工作组,组织设计灾后重建方案,对损毁的国省干线公路、农村公路和桥梁实行投资补助,简化程序,加快灾后重建进程。

在基础设施重建过程中,加大监察力度,保障施工安全和灾后运输安全。

核查灾害损失,核实灾情,统计损失。

(2)道路中断下的交通应急响应案例分析

2010年7月中旬以来,吉林省遭受了严重洪涝灾害,暴雨之大,洪水之猛,范围之广,破坏性之强,灾情之重,历史罕见(图6-2、图6-3)。这次洪水给全省道路交通造成极为严重的破坏,灾区的国省干线公路"伤筋动骨",25条国省干线114处主要路段冲毁(国道4条12处、省道21条102处),农村公路遭受"毁灭性损失",1013条农村公路3340处因路毁桥断中断交通。初步统计,水毁造成全省普通公路基础设施直接损失达到39.6亿元。其中国省干线公路1.7亿元,农村公路37.9亿元。以下介绍具体工作程序。

图6-2 水毁受灾现场图(一)　　　图6-3 水毁受灾现场图(二)

①未雨绸缪,防患未然,认真做好防汛部署工作

进入汛期前,省公路管理局根据气象和水文预报信息,针对今年复杂的气候对汛期公路安全运行可能带来的威胁,提前部署防汛工作,采取充分的预防措施,力求最大限度地减轻洪涝灾害造成的损失。

a)加强领导,落实责任。成立防汛指挥部,对公路防汛工作进行了周密部署。下发了"关于做好2010年公路防汛工作的通知",要求各级公路管理机构抓好隐患治理、防汛储备和险情上报等工作,采取省局领导和处室包片包地区、市、县段领导包路线、包路段和包重点部位的层层包保办法,定岗定责,落实到位。

b)完善预案,做好储备。结合应急体系的建立和健全,科学制定防汛应急预案,落实队伍、设备、物资保障,明确了指挥调度三级职责和沟通反馈机制,全省共准备防汛设备840台,储备防汛草袋399832个,木材5341立方米,铁丝4900公斤,片石740立方米,钢材186吨,战备钢梁60米,同时,制定了《在建工程度汛方案》,要求在建工程项目法人严格落实各项防洪保安措施,周密制定人员、物资、设备的转移预案,确保施工人员安全,筑路材料、施工设备不受损失。

c) 明确重点,严密排查。入汛前在省局组织下,对全省干线公路进行了一次全面检查,包括桥涵、隧道、高路堤及各种防护工程,逐条路线、逐个部位实地踏查,摸清情况,对查出的隐患,制定了切实可行的维护方案,并立即付诸实施。特别是对普通干线公路二类以上桥梁(含二类桥梁)共1453座进行了一次全面彻底检查,对发现问题及时采取有效措施,确保通行安全。对危(险)桥实施了改建并设置限载限速标志,同时修好便桥、便道,保证汛期安全通行。对于重点路段、险段和大中桥梁要求各地加派专人进行看守,特别是对险桥采取24小时专人守护。

② 反应迅速,措施有力,高效完成抢险抢通工作

汛情发生后,按照省厅领导指示,吉林省公路局立即启动应急预案,并派人员立即奔赴灾区一线,靠前指挥,靠前调度,果断采取有力措施,全面组织开展抢险抢通工作。

a) 高度重视,紧急动员部署。以险情为令,以抢通保通公路为第一要务,研究制定了水毁路段临时抢通方案,指挥人第一时间赶赴重灾区进行紧急动员,以抢险抢通工作为重点部署工作,保证了受灾群众顺利转移和救灾物资运输。在整个抢通过程中,公路局先后制定了《关于做好强降雨应对防范工作的紧急通知》、《关于认真做好水毁公路设施抢先恢复工作的意见》及《全省普通公路水毁核查及抢通指导工作方案》,派出4个公路防汛应急救灾工作组到公路受灾现场,帮助研究制定抢通保通方案,核查水毁情况,进一步指导抗洪抢险救灾工作。同时,坚持每天召开防汛调度会议,根据各地灾情的不断变化和抢险救灾工作进展,及时调整完善抢险抢通工作方案,确保抢通工作尽早完成。后又下发了"关于做好农村公路水毁抢通工作的通知",对省补贴范围、补助标准、抢通工程标准予以明确说明,要求各地公路管理机构要加强技术指导和现场督导,充分发挥各级地方政府的主体作用,做好农村公路水毁抢通工作。

b) 昼夜值守,强化公路巡查。加强防汛值班值宿工作,实行24小时防汛值班和领导带班制度,在原有值宿人员基础上,再增加一人值班。值班人员吃住在单位,及时调度汛情,不敢丝毫松懈,值班室设置两部值班电话,分别用于接听各地汛情报告和调度各地汛情,同时,吉林省公路局每天4次定时调度汛情,并及时上报,保证了处置迅速,信息畅通。并配备了防汛抢险专用车辆,随时准备奔赴抗灾抢通一线。在各地实行雨前、雨中、雨后巡回检查,要求巡查人员手机24小时开机,及时掌握雨情、路况、险情等第一手情况;对辖区内公路桥涵、施工路段及沿线设施组织安全巡查和排查,对重要桥梁及泥石流频发等重点隐

患路段做到专人看守;对灾情特别严重的延边、吉林、白山、通化等地区,死看死守,24小时不间断值岗,一旦发现险情,第一时间上报。在整个抢险保通期间,全省公路管理系统广大干部职工放弃休息,不怕疲劳,连续作战,无怨无悔,涌现出了一大批先进典型,发生了许许多多感人事例。如"抗洪硬汉"延边公路处处长陈俊生,三天仅休息三个多小时的白山公路处处长丛强,舍"小家"顾"大家"的松江河道班班长郝忠学等。

c) 加强协作,抢通工作重点突出。按照省交通运输厅的统一部署,选择了省内具有相应资质的,有社会责任感、施工能力较强、业内信誉较高的省内11家骨干公路养护公司和工程公司组建了省交通运输厅抗洪抢险突击队,制定了《吉林省交通运输厅关于应急抢通突击队组建及工作方案》。仅用两天时间,就征调人员139人,挖掘机、推土机、装载机、自卸车等设备72台(所有设备数据不含设备运输车辆)。此外,又组建了140人、120台设备的两个后续预备队。突击队于7月31日晚11时起陆续开往黑河至大连、长春至东清、榆树至江源、取柴河至长山公路永吉、桦甸等市县境内段,投入到紧张的灾区重点公路抢通工作,全力打通生命线。截至8月5日,共完成台班1600个,同时,协助当地政府完成了对永吉县城部分街路,永吉县一中、七中、第二实验小学、朝鲜族小学等学校和部分居民小区、临街单位的清障清淤工作,累计清淤10000立方米,完成工作任务的80%。国道黑河至大连公路吉林境内段和省道五常至桦甸公路、长春至东清公路桦甸段,县道取柴河至长山镇公路已经全部抢通,有力地保证了电力、电讯设备和救灾物资运输以及抢险救灾人员输送和人民群众转移。抢险突击队的辛苦付出和卓有成效的工作得到了当地政府、交通部门和群众的认可和赞誉,桦甸政府、永吉政府纷纷致电交通厅和公路管理局对突击队的支援表示感谢,永吉县医院给突击队送来了锦旗、永吉县法院送来了感谢信。

d) 请拨资金,提供坚实保障。根据受灾地区急需资金的紧急情况,吉林省公路局于8月2日和8月5日分两批向长春、吉林、四平、辽源、通化、白山、延边、松原、长白上管委会公路管理处拨付公路水毁抢险专项资金共计3460万元。确保了抢通工作的及时有效开展,得到了当地政府的充分肯定和高度赞誉。同时,为加强专项资金管理,做到临危不乱,急而有序,下发了"关于加强公路水毁抢险资金使用管理的紧急通知",要求各单位在资金使用上突出重点,履行相关程序,切实做好抢险工程量等相关资料的搜集、核实、汇总等工作。加强对水毁抢险资金使用全过程的监督与控制,确保专款专用。

e) 确保"顺畅",开辟救援"通道"。抢险救灾初期,为争取时间,使抗洪抢险车辆安全快速通过收费站区,对通往重灾区的五桦线口前收费站、长清线长安收费站、黑大线金珠收费站停止收费,开辟"绿色通道",并设专人疏导车辆,站长24小时跟班值班,保证了救灾生命线的安全畅通。随着抢险救灾工作的深入,按照省交通运输厅统一部署,在全部普通公路收费站双向设立了"抗洪抢险车辆专用通道",并悬挂醒目的条幅或设立指示牌,对运送抢险救灾物资的车辆和持有"防汛抢险通行证"的车辆一律免费放行,确保了抗洪救灾车辆安全快速通行。初步统计,全省普通公路收费站累计免费放行抢险救灾车辆107560台,免费金额156万元。

f) 排查隐患,防止灾害衍生。为保障公路行车安全,特别是重点隐患路段的行车安全,下发了"关于做好汛期路政工作的紧急通知",全省路政系统进入紧急状态,重点加强行车安全隐患路段的警示标志设置工作,防止衍生灾害。迫于时间紧、工作量大,在部分灾情严重、损毁路段多的地区,采取设置土堆、木板、树干等多种方式设立简易提示标志,有效避免了因标志设置不及时造成二次事故的事件发生,切实保护好人民群众的生命财产安全,保证了公路行车安全畅通。同时,为确保雨后公路的安全畅通,各地路政人员与养护员工积极配合养护公司对路面上山体滑坡、泥石流、坍方进行清理,对公路、桥梁冲毁地段进行回填和抢修加固,及时排除了安全隐患。全省共设置交通警示标志1194块,累计派出车辆69台,出动路政人员5000余人次,对572处水毁路段施行临时交通限制。

g) 加强宣传,及时公开信息。设专人跟踪各地汛情,及时问讯水毁情况,掌握通阻信息,共编印《吉林省公路管理局防汛专报》16期,《公路信息快报》7期,上报厅办并被《吉林省交通运输厅要情》采用11条。每天将公路水毁和抢通工作进展情况向省厅防汛办报告,并将随时发生的预计超过12小时的阻断信息及时报送交通运输部路况信息管理中心,第一时间发布在中国公路信息服务网,为上级管理部门和出行者提供准确的路况信息。同时,加强宣传,引导正确的舆论导向,力保风雨面前行路安全。与吉林省交通广播等省内主要媒体建立信息发布平台,通报防汛工作进展情况,滚动播放国省干线公路通阻信息及车辆绕行路线,及时向出行者提供路况信息服务。同时,相关人员耐心答复社会公众出行电话咨询,指导公众安全出行。向全省公路系统发出倡议,党员干部带头,为受灾的公路系统职工进行捐款,累计捐款253505元。同时,宣传抗洪抢险救灾中的模范事迹,发扬榜样的力量,引领和带动灾区一线职工迎难而上、奋勇拼搏,展现了公路人良好的精神风貌,获得了全社会对于防汛抗洪工作的支持和赞扬。

经过全省公路行业广大干部职工近一个多月不分昼夜的连续奋战,全省共清理坍方和泥石流933249万立方米,抢通国省干线公路26条114处、农村公路924条3158处,26条干线公路已经恢复通车。目前,全省公路交通已基本恢复正常,为夺取全省抗洪抢险救灾最终胜利提供坚强的交通运输保障。

③科学规划,高标准抓好下一步公路重建工作

a) 全力抓好公路抢通。吉林省公路局将按照"先干线后支线,先抢通后修复"的原则,坚持水毁公路抢通工程与灾后恢复重建相结合,周密制订方案,对尚处在交通中断状态的公路进一步加大抢通保通力度,特别是对国省干线公路和重要县乡公路影响行车安全的水毁路段,将集中人力、物力和资金投入,省市县协同作战,不惜一切代价,在最短时间内抢通,为抗洪救灾物资输送和沿线居

民生产自救提供良好的公路交通条件。

b)继续保证通行安全。组织相关人员对洪水冲刷和浸泡的公路桥梁、涵洞和重点路段进行再次排查,对发现的问题立即组织抢修。同时,对重要路段、重点区域及关键部位实行 24 小时巡查制度,一旦发现安全隐患及时进行抢修。对不能立即修复的,设置明显的警示标志,对达不到通行条件的路段予以封闭,并设置好绕行路线,保证车辆、行人安全通行。

c)尽快恢复在建项目建设。对在这次水灾中受影响的在建项目重新核实工作量,组织人员对损毁的路基清除淤泥,分层填筑路基;对边坡受到冲刷的,用丝袋叠起,严重部位分层填土夯实;桥头冲毁路段,用砂砾回填。同时,针对不同地区,不同工程,制订详细的恢复在建项目方案,积极协调各个方面尽快恢复电力通讯和运料通道,力争在最短时间内恢复施工,同时加强施工组织,在确保施工质量、安全的前提下,抢抓工期,力争完成年初目标。

d)继续开展水毁公路的恢复重建工作。一是进一步核实灾情,摸清水毁损失,抽调专业人员做好灾后重建相关资料的收集、整理工作,并按照相关项目和内容及时上报。二是抓紧组织设计,做好前期准备,动员组织全省公路设计单位,开展水毁恢复工程勘察设计,8 月 20 日前完成水毁国省干线设计;年底前完成旅游公路、县级公路的恢复重建设计工作;2011 年 3 月底前,完成年度实施建设的水毁乡村公路的恢复重建设计工作。三是履行程序,严格工程管理,尽早确定恢复重建工作方案,提前安排项目招标工作,依法组织招投标活动,加强技术指导,保证工程进度。四是根据吉林省气候特点,有效施工期短,水毁情况复杂,修复任务重的情况,采取强化组织领导,加强技术指导,集中人力、物力和资金,省市县协同作战,入冬前,争取完成国省干线水毁公路路基和附属构造物修复工作,国道水毁桥梁和涵洞争取在 10 月中旬完成并通车,省道完成桥梁下部工程建设,路面和桥梁的上部工程争取在 2011 年 6 月末前完成。五是加强对资金、项目和重要物资的跟踪与管理,严格审计,确保重建资金按照规定专款专用,不被侵占、截留或挪用。加强质量管理,认真落实项目质量监管制度,严格坚持恢复标准,加强重建项目的质量检查和验收,确保项目建设质量。六是对水毁公路养护采取组织养护公司机械和员工清理边沟淤泥和小型泥石流,清理河床、涵洞,填筑路基缺口,对路面病害及时修补,对损坏边沟及排水设施按原路线设计标准进行恢复等积极有效的措施,力争在短时间内恢复灾前水平。日常养护中加强巡路,对水灾抢通路段路面可能再次形成的病害,要加强处治,切实保证行车安全。

2.低温雨雪灾害的应急响应能力建设

(1)低温雨雪灾害的交通应急响应措施总体思路

应对道路中断下的交通应急响应能力建设主要分为三个部分,分别是前期准备工作、中期响应工作和后期恢复工作。

①前期准备工作——预警储备

对冬季恶劣天气频发的特点,备足了融雪剂、工业盐、防滑料、草袋、铁锹等抢险物资;对挖掘机、装载机、铲雪车等抢险机械设备进行了保养和调度;下发了防抗冰冻灾害通知,要求全员进入"战备"状态,及早布置防抗冰冻灾害工作;实行24小时值班制度。

②中期响应工作——公路保通

对陡坡、桥面易结冰路段做好应急准备工作,防患于未然。在可能结冰路段采取预撒工业盐、木屑、砂等措施,尽可能避免出现路面结冰阻车现象。

对于已发生阻车的路段,组织公路养护、路政人员,调集足够的机械,撒布工业盐、融雪剂等,开展交通疏导、路面清雪、除冰工作,避免公路长时间阻断,确保公路安全畅通。

按照"不封路、少封路"的要求,采取限速、限量、间断放行等交通管制措施,在保证安全的前提下,积极疏堵分流,召开协调会议,制定了分流应对措施,全力疏通交通。

养护部门增派车辆和人员,增加白天、夜间等重点时段路面巡查次数,延长上路巡查时间,并做好标志标牌的摆放。

机动应急运输车队,执行应急运输任务。灵活制定运输组织方案,突出确保道路通畅工作,确保煤炭、液化气、成品油、副食品等物资运输畅通。

加强值班,畅通信息。落实领导带班制度和24小时值班报告制度,及时统计最新路况信息和旅客滞留情况,每天两次上应急办,确保信息渠道畅通。

做好信息发布。积极协调交警部门,密切关注天气情况,利用广播、短信和电子显示屏等形式不间断发布天气预警和路况信息,各收费站设置"雨雾天气,减速慢行"等提示牌,及时告知驾乘人员道路通行情况。

各地采取条块结合、属地管理的原则,发动当地干部群众在交通干线设立救助点,确保站途滞留人员有饭吃、有水喝、有地方住,不挨冻、不挨饿、不发生事端。

③后期恢复工作——加强建设

及时制定灾后恢复重建规划。把恢复性重建与适应性发展结合起来,抓紧组织实施清理公路坍方、恢复路基缺口及挡土墙等工程。

着力防治次生灾害。防范冰雪融化引发山体崩塌、滑坡、泥石流等地质灾害,因冰冻造成的公路、桥梁涵洞的损毁和坍塌。

为保障物资供应,提供运输保障,确保所需物资和设备及时运达施工现场。

加强安全生产管理,防止抢修和重建过程中发生事故。保证质量和安全。

(2)低温雨雪灾害的交通应急响应案例分析

自进入2008年1月以来,遵义市遭遇到了50年一遇的雪凝灾害,导致多条高速公路、国道、省道、县道以及城区道路中断,严重影响了人民群众出行和生活,影响了抢险救援物资的运输,大量旅客滞留,直接影响了社会稳定和各项生产的运行,如图6-4、图6-5所示。

红花岗区作为遵义市中心城区为保障公路畅通,遵义市公路局领导班子和全体工作人员在这次雪凝天气抗灾抢险中纷纷发扬不怕困难、不畏险阻的精神,放弃节假日休息时间,不分白天黑夜,积极开展各项工作;领导亲自站在抗灾抢险第一线,带领抗灾抢险人员,组织指挥抢险,保障了重要通道的畅通、确保了电煤运输、旅客运输有序进行,受到相关部门和群众的一致赞扬。

图6-4 雨雪受灾现场图(一)

图6-5 雨雪受灾现场图(二)

①加强组织领导,精心组织,认真部署

按照区委区政府和上级主管部门的安排和部署,遵义市公路局主要负责保障公路畅通、电煤运送、旅客运输工作。局领导班子深知这几项工作任务重、责任大、时间紧,为开展好各项工作,遵义市公路局成立了由局长任组长,副局长任副组长,相关部门负责人为成员的领导小组。领导小组下设办公室、公路保畅小组和道路运输小组。办公室负责综合协调、情况通报和信息报送工作,实行24小时值班;公路保畅小组由分管公路的副局长分管,主要职责是负责重要路段、电煤运输通道、抢险救灾通道以及生产生活物资运输通道的保畅工作;道路运输小组由分管运管的副局长分管,主要职责是负责组织足够运力运送电煤、保障旅客运输等工作,解决好遵义汽车客运站和忠庄汽车客运站滞留旅客的食宿问题。

同时,遵义市公路局制定了"保障凝冻天气道路畅通工作的紧急通知",要求各部门本着高度负责任的态度,从站在讲政治的高度,不讲报酬、不讲代价、不讲回报,不分白天黑夜、不分上班下班,团结一致,齐心协力,不怕艰难险阻、按照各自的分工和职责,精心部署、认真安排,结合具体情况认真做好各项工作,确保重要道路畅通、电煤运送和旅客运输工作。

针对雪凝天气以及交通工作实际,遵义市公路局制定了《遵义市红花岗区交通局保障道路畅通、电煤运输和旅客运输工作方案》,明确了各部门工作职责、工作制度、工作要求和工作流程,并就保障道路畅通、电煤运输和旅客运输作了详细的安排;并规定雪凝期间,所有工作人员节假日正常上班,全体人员一律不准休假,中层干部和应急分队工作人员移动电话必须24小时开机,雪凝天气未解冻前一律不准外出。

②采取各种措施,确保重要道路畅通

由于雪凝天气,导致多条道路交通中断,为确保重要道路畅通,特别是电煤运输通道、农产品运输通道以及生产生活物资通道以及抢险救援通道畅通,遵义市公路局采取各种措施,通过除冰、铺撒工业盐和防滑沙等方法。由于工业盐需求量较大,为解决这一问题,遵义市公路局领导班子想方设法,四处联系,与相关部门做好协调工作,确保工业盐和防滑沙及时到位。

在除冰、铺撒工业盐和防滑沙过程中,遵义市公路局全体人员纷纷发扬了不怕苦、不怕累的精神。由于涉及的重要道路较多,遵义市公路局将除冰、撒盐队伍分为几组,从早上7时至第二天凌晨,每天工作十几个小时,甚至工作人员带伤坚守岗位,也正是工作人员们艰苦、无私的奉献,辛勤的工作,保障了重要道路的畅通。

③积极组织运力,确保公路电煤运输

由于持续雪凝灾害天气,公路运输电煤处于停滞状态,电厂存煤严重不足,电力生产和供应形势十分严峻,如果发生电力供应不上导致大面积停电,将给全市带来不堪设想的后果,直接影响社会稳定和人民群众基本生活保障。遵义市公路局负责遵义火车南站至鸭溪电煤运输保障工作。

由于电煤运价较低,加上雪凝天气,大部分车辆不愿意运送电煤,为做好这项工作,组织好充足运力,遵义市公路局立即召集辖区运输企业召开紧急会议,传达中央、省、市、区有关电煤运输的方针政策,要求各运输企业树立顾全大局、统一思想,提供运力确保电煤运输。经过努力,遵义市公路局从运输企业和个体运输户紧急协调了46辆大型货车(合计吨位1380吨),临时组成了5个电煤运输车队,专门负责遵义火车南站至鸭溪电厂电煤运输工作。

在电煤运输过程中,遵义市公路局领导班子每天多次到遵义相关站点检查各项工作开展情况,现场处理需要解决的问题。为保证电煤运输车辆技术状况良好,遵义市公路局还组织了一个汽车抢修班,在遵义火车南站随时待命,对发生故障车辆进行抢修。由于在运输过程中会随时出现电煤断档情况,为稳定运输车辆驾驶员队伍,遵义市公路局安排人员随时为驾驶员提供服务,安排好驾驶员的食宿问题,开通24小时服务热线,安抚和稳定驾驶员队伍。针对电煤运价较低这一情况,经遵义市公路局协调,适当调整了电煤运价,稳定了驾驶员队伍,也保障了电煤运输的良好运转。

经过遵义市公路局的努力,尽管是雪凝天气,确保了每天到站的电煤及时运送至鸭溪电厂。到目前为止,已累计运送近4万吨,为遵义市电力供应提供了保障。

④加强行业管理,确保旅客运输有序

在抗击雪凝灾害工作中也正值春运期间,公路运输客流量大幅度上升,而多年不遇的雪凝天气,严重影响了道路旅客运输。为做好雪凝天气的旅客运输工作,遵义市公路局在保证重要道路畅通、电煤运输的同时,在人员极其紧张的条件下,安排人员专门负责旅客运输工作,并积极采取了有效工作措施,确保客运工作的良好运转。

一是确保公路旅客运输安全。遵义市公路局派人专门值守辖区汽车客运站,对因雪凝天气导致封闭的路段坚决不发车,对开通的路段,发车前认真做好各项检查工作,严把经营资质关、车辆技术关、驾驶员资格关、认真检查各项经营手续,禁止"三危品"进站上车,禁止超员出站,对不符合条件的一律不准发车。

二是对开通的客运班线,要求出站车辆必须安装防滑链,带好三角木;对危险路段、易滑路段安排人员前面开道,缓慢前行。

三是做好客运车辆驾乘人员和滞留旅客的后勤保障工作。由于雪凝天气,导致多条线路停发,每天均有部分旅客滞留客运站。为此,遵义市公路局认真做好安抚工作,要求辖区客运站候车室空调全天开放,针对忠庄汽车站候车室空调温度较低这一情况,遵义市公路局立即提供6台炉具给忠庄客运站用于旅客取暖。为确保客运车辆驾乘人员和滞留旅客不饿倒一个、不冻坏一人,遵义市公路局购进了大量的方便食品、棉被和棉衣,免费提供给客运车辆驾乘人员和滞留旅客,解决了他们的吃住问题。

四是做好过境旅客的护送工作。雪凝期间,大批从贵阳过来前往德江、沿河、思南、印江方向的客运车队由贵阳市交通局护送至遵义境内,按照贵州省公路运输管理局和市交通局的安排,遵义市公路局负责红花岗境内的护送工作。为做好这项工作,确保旅客安全,遵义市公路局立即从公路、运管抽调15名工作人员专门负责护送工作。当一批又一批的客运车辆抵达红花岗后,遵义市公路局将工作人员分为三组,一组在车队前一公里专门负责探路、除冰以及撒放工业盐和防滑沙,确保道路畅通;一组在车队前负责开道引路工作,带领车队缓慢前行;第三组尾随车队,负责处理各种突发事件和后勤保障工作。经过遵义市公路局的精心组织,从贵阳抵遵义的一批又一批大客车车队满载乘客安全驶离红花岗。

3. 危险品运输事故的交通应急响应能力建设

(1)危险品运输事故的交通应急响应措施总体思路

应对道路中断下的交通应急响应能力建设主要分为三个部分,分别是前期准备工作、中期响应工作和后期恢复工作。

①前期准备工作——全面监控

督促企业建立健全安全操作规程,岗位责任制,车辆设备保养维护和安全质量教育等安全管理制度。

掌握其管辖区内的危险品生产、存储单位的应急救援能力和运输车辆状况,配备必要的抢险救援器材等知识。

加强安全培训,提高人员安全文化素质,了解各种危险品的泄漏处理、急救知识和防护措施。

②中期响应工作——安全第一

协调消防、交警部门,疏导交通、疏散群众和维持现场秩序。

协调消防、医疗部门抢救伤害人员。及时、有序、有效地实施现场急救与安全转送伤员。

制定道路分流方案,采取交通诱导、控制驶入、主线分流、多点分流、主线滞留、间隔放行、尾部警戒等交通组织控制措施,减少事故对交通安全的影响。

开展事故调查处理。在事故中心现场协助开展现场勘查及调查取证工作。

并组织清理现场,确定恢复交通等相应措施。

③后期恢复工作——消除隐患

对事故外逸的有毒有害物质、可能继续造成危害的物质,应及时组织人员予以清除,消除危害后果,防止对人的继续危害和环境的污染。

事故发生后应及时调查事故的发生原因和事故性质,估算出危害范围和程度,做好事故调查,并总结救援工作中的经验和教训。

广泛深入地开展安全宣传教育活动,牢固树立"安全第一,预防为主"的思想。提高各级领导的安全意识。

(2)危险品运输事故的交通应急响应案例分析

3月5日凌晨,在荣乌高速公路东营段上行方向447K处,一辆半挂货车与一辆停靠在桥面的油罐车发生碰撞,致使原油泄漏形成火灾,造成荣乌高速公路K447+024中桥损毁严重(图6-6、图6-7)。

图6-6 危险品运输现场图(一)

图6-7 危险品运输现场图(二)

接到报警后,东营市公路局立即启动《东营市公路系统预防和处置公路桥梁事故突发事件应急预案》,及时组织路政、养护和桥梁检测人员赶赴现场,配合消防和交警部门做好抢险保通工作,有效避免了事态的进一步扩大,做法如下。

一是按规定及时设置安全警示标志,临时限制车辆通行。根据桥梁右半幅烧损较为严重的实际情况,临时封闭桥梁右幅交通,左幅改为双向通行,只允许小轿车和客车通行。同时,开启K446~K448活动护栏,及时疏导堵塞车辆,避免发生严重的交通滞留。

二是及时联系省公路桥梁检测中心专业技术人员对桥梁烧损区域进行现场检测,迅速开展加固维修工作。目前,桥梁损坏检测正在进行中,并已研究制定初步的维修加固方案,预计4月30日桥梁右幅完成通车,5月17日全桥完成通车。

三是协调潍坊市公路局在荣乌高速公路寿光站设立限行标志和绕行指示牌,安排路政人员为过往驾驶员发放绕行路线明白纸,指引大型车辆由新海路绕行到东营站上东青高速公路,保障桥梁抢修期间半幅安全畅通。

四是实行24小时值班制度。由东营高速公路管理处和省桥梁检测中心安排专人对荣乌高速公路K447+024中桥进行24小时监控,随时观测桥梁病害发展情况,避免再次发生突发事故。

4.公共安全突发事件的交通应急响应能力建设

(1)公共安全突发事件的交通应急响应措施总体思路

应对公共安全的交通应急响应能力建设主要分为三个部分,分别是前期准备工作、中期响应工作和后期恢复工作。

①前期准备工作——加强管理

市场准入和退出机制方面,规范客运出租汽车经营权配置和经营权年限等。在改进经营模式、规范企业经营行为、维护驾驶员合法权益方面,鼓励公车公营、规范化管理、员工式管理;坚决打击"黑车",改善了出租汽车的营运环境。基础配套设施建设,解决停车难、吃饭难、如厕难等实际问题。

②中期响应工作——了解实际

启动了客运出租汽车突发事件应急预案,成立了交通、公安、信访等部门组成的工作组。建立对话平台,赶赴现场听取罢运驾驶员的利益诉求,对事件进行调查,了解突发事件根源所在。维护现场秩序,妥善处理罢运问题,尽快让停运车辆恢复正常运行。召集全体停运车辆驾驶员进行集体答复。对大众媒体进行事情始末解释,并答记者问。

③后期恢复工作——寻求对策

针对诉求,理清罢运问题,探讨解决措施。为避免类似情况发生,应寻求管理模式创新,出台相关政策。

(2)公共安全突发事件的交通应急响应案例分析

2008年11月3日5时30分左右,一些出租车车主和驾驶员纷纷来到重庆市观音桥商圈、杨公桥等重要路段,劝说上路的出租车开回去罢运,一些还在运营的出租车被砸。目前重庆市主城共有8000多辆出租车,7时左右,大街小巷已经一辆出租车都不见。许多正在等待出租车的乘客一边等车一边抱怨。当听说出租车罢运后,又连忙去挤公共汽车。据记者目击,重庆市渝北区、渝中区、沙坪坝、九龙坡、南岸区、江北区等基本上见不到一辆出租车。图6-8、图6-9为事件现场。

图6-8 突发事件现场图(一)

图6-9 突发事件现场图(二)

事件发生后,重庆市委、市政府相关部门已形成快速处置方案,研究处置措施。重庆市交委相继派出12个工作组派驻各出租车公司督促车辆上路营运;公安机关和交通执法部门均抽调大量警力和执法人员,在主城区各主要路段、路口开展来回巡查;各出租车公司也赞同市政府提出的解决措施,积极做好驾驶员的引导和鼓励工作。重庆市政府表示将继续打击不法分子和非法营运,保护合法出租车驾驶员的生命、财产安全和权益,确保社会稳定。截至3日16时,重庆市已有1000余辆出租汽车恢复营运,另外尚有部分出租汽车因担心运行安全问题,正在观望之中。

16时30分,重庆市交委举行新闻发布会对事件作了说明。针对出租汽车驾驶员提出的诉求以及现阶段情况,重庆市采取了五大措施:一是重庆市政府已启动票价调整调研工作,将广泛征求各方面意见,按照相关程序提出方案。二是重庆市经委已采取措施,增加CNG天然气供应量,增加加气站,维护好加气秩序。三是保持打击"黑车"的高压态势,公安、交通配合,规范出租汽车经营环境和营运秩序,保护合法经营者的利益。四是关于企业与驾驶员利益分配问题,市出租汽车协会已进行了专题研究,提出出租汽车企业与驾驶员利益调整的意见,现正在征求企业和驾驶员的意见,市级相关部门将加大对出租汽车行业利益分配问题监管。五是行业管理部门采取系列措施,如加强驾驶培训管理,建立行业准入和退出机制,推选行业安全服务质量信誉考核评分办法,规范出租汽车经营秩序。

第2节 公路交通应急管理运行机制建设

6.2.1 公路交通应急管理基本思路

在充分利用现有资源的基础上,补充和完善公路路网运行状态监测和协调手段,建立有效的公路网管理工作机制,完善相关管理制度,形成省级"监管到位、协调联动、响应迅速、处置有效"的省级公路网运行监测与应急处置体系,从而提升公路网运行监管和服务水平,提高公路交通应对突发事件的处置能力,为人民群众安全出行提供保障。

6.2.2 公路交通应急管理基本原则

1. 整体把握,统一有效

构建交通应急管理处置中心,必须逐步实现高速公路、国省干线公路网重要路段及关键节点运行状况的日常监管,覆盖全省,统一掌握全省公路交通数据,协调相关交通主管部门,逐步实现公路主管部门与公路运营管理单位间、不同地区间路网管理和应急保障力量的联动协作与共同应对,提高公路交通应急响应能力和处置水平。

2. 注重实效,快速响应

针对交通灾害类型及其产生的影响,加强公路交通应急专项预案的制定,注重交通应急预案的实效性,增强预案在实际处置交通突发事件中的可操作性,实现突发事件发生后有所依据,能够快速响应。抓紧相关制度和规范的制定,建立日常路网监测和协调管理的规范流程,以及程序化、标准化的应急处置运作机制,充分发挥公路交通应急管理体系和运行机制的效益。

3. 统筹规划,由点及面

公路交通应急队伍和物资储备要充分整合和利用现有公路主管部门和养护企业资源,结合实际情况和现有条件,统筹规划、总体设计、分步实施。在布设公路交通应急物资储备库的同时,实时掌握各地公路交通应急队伍和物资储备情况,逐步实现各级公路交通应急物资和队伍资源的信息共享。

4. 平急结合,锻炼队伍

为确保来自公路主管部门和社会力量的应急保障队伍能够在突发事件发生后,尽最大可能发挥应急队伍抢救和救援水平,在日常工作中,坚持引入应急演练、应急培训等工作,锻炼应急队伍抢险救灾能力。

5. 分工明确,加强交流

公路交通应急管理运行机制建设要结合各部门目前的职责功能,在吸纳现有成熟的管理经验基础上,明确各部门在公路交通应急中所处的位置和职责。对于公路交通应急管理相关信息,要加强在不同主管部门间建立信息共享和交流机制建设,实现信息的及时沟通和互动,为公众提供公路服务信息,更好地为交通和公众提供便利。

6.2.3 交通应急管理模式分析

根据目前公路交通应急现状,为了更快提高公路交通应急能力,必须采取建立完善的交通应急管理体系和合适的交通应急管理模式。

目前公路交通管理主要有两个部门负责,一个是公路局,一个是高速公路管理局。大多数省份的国省干道和普通公路的路政管理等工作由公路局负责,而省内高速公路的路政管理等由高速公路管理局负责。但由于这两个单位从事的工作基本类似,在一些省份已经开始将两者的职责进行合并。如山东、江苏、浙江、广东、福建等东部沿海各省的公路局已经包含了高速公路的路政管理职能,而原有的高速公路管理局变成高速公路运营公司负责公路的建设、养护和收费工作。这种将单位间相似职能合并,将运营业务通过成立企业或专门机构来经营,必将是未来的趋势,这样不仅可以减少人员的重复配置,还可以通过市场化手段来为人民提供更好的服务。而对于已合并普通公路和高速公路路政功能的省份,其建立的应急管理和处置中心一般都是由公路局来组织实施、维护和管理。

对于目前还存在公路局和高管局的省份,由于各省的交通特性和环境不同,不同省份对应急管理和处置中心的管理单位有所不同。从上述的经验可以看出,对于平原且高速公路作为主要运输通道的省份,以高速公路局为主要负责单位建立应急管理和处置中心比较合适。因为这样的省份,地处平原,高速路网四通八达,部分的高速公路封闭并不影响其整体的交通出行效率,采用高速公路管理局可以监控全省的大部分交通运行情况,而且可以非常快速地实现应急处置。如河南、河北等省高速公路里程2010年分别排名第一和第三的高速公路发达省份,基本都是高速公路主管部门负责全省交通路网的监控和运行。而作为丘陵地区或者山区比较多的省份,高速公路发挥的作用就受到局限,一旦高速公路封闭,只能依赖国省干道进行交通应急处置。而山区较多省份的国省干道路网密度大、分布广,公路局管辖的路段和部门较多,涉及的应急保障队伍和物资也较多,因此在交通事故处置、调动人员和物资上具有很大的优势,由公路局来负责整体的交通监控和应急处置比较合适。如青海、黑龙江等省份高速公路里程2010年分别排名倒数第一和倒数第十的主要依赖国省干道通行的省份,都建立了公路局管辖的公路交通应急指挥中心。

还有一些省份,可能同时包含山区和丘陵地区。如何选择应急管理的主管单位就需要依据实际情况。如陕西省是一个北部位于黄土高原,南部位于汉中盆地,山地占36%,高原占45%,平原占19%,其高速公路通车里程已经3000公里,居西部第一。则陕西省主要依托高速公路监控指挥调度中心,充分整合利用现有交通运输系统资源,实现互联互通和信息共享,逐步建立全省高速公路、国省干线公路的应急救援指挥调度中心。辽宁地形中山地丘陵分列于东西两侧,向中部平原倾斜,山地面积占59.8%,平原占33.4%,水域占6.8%,主要依靠辽宁公路局来整合公路基础数据管理平台、公路地理信息管理平台及综合信息管理平台为基础,建成并开始运行了普通公路交通应急调度指挥中心。湖北山地、丘陵、岗地和平原兼备,山地约占55.5%,丘陵和岗地占24.5%,平原湖区占20%。湖北省公路管理局为加强公众出行信息服务,搭建全省公路交通应急信息平台,并积极推动路政治超联网监控,全面启动全省路政治超的远程网络视频监控系统建设,2010年8月已完成49个治超站设备安装,实现音视频、治超数据通过监控网络传至省局监控室。

从这些数据,可以看出当山地面积超过平原面积后,交通应急管理工作主要以公路局为主要管理单位,来负责全省公路交通应急管理和处置中心的建设。而吉林省目前地形山地占36%,丘陵和台地占34%,平原约占30%。山地丘陵面积远超过平原地区,由吉林省公路管理局来负责全省公路的应急管理和监控非常合适和合理。

6.2.4 公路交通应急的经验借鉴

1. 应急指挥协调联动机制是公路交通应急管理体系建设的关键

应急事件发生后,多部门的协调和联动是各方应急资源形成合力的基础,也是应急管理机构有效运转的关键和制度保障。

如在高速公路管理上,在探索与交警部门协调联动中,河南省交通厅高速公路管理局与省公安厅高速交警支队联合成立了"河南省公路路警联合指挥中心",负责全省范围内公路各种突发事件的应急处置、指挥、协调。建立了"路警四联合"(联合指挥、联合巡逻、联合执法、联合施救)的协调配合机制。

江苏省建设的公路网管理与应急处置中心由省内所有地级市公路管理处、

长江公路渡口经营管理单位、高速公路经营管理单位和高速公路路政支队组成,可监控近千个高速公路视频监控视频图像和近百个普通干线公路重要路段监控视频图像。目前无锡、徐州、南京等9个地级市建成了具有路网调度功能的市级公路管理与应急指挥中心,连云港、宿迁、淮安、扬州4市的应急指挥中心正在加快建设,一个覆盖全省路网的监控网络基本形成。

2010年,河北省高速公路管理局(集团)召开交通应急指挥中心项目筹建汇报会。拟建设的河北交通应急指挥中心包括省厅总中心和公路、高速公路、道路运输、港航、铁路、出租汽车和城市公交、民航7个分中心。该中心将省管高速公路交通应急处置预案与省厅有关预案有机结合起来,统筹高速公路、普通干线公路、农村公路等整体路网应急处置功能,全面提升河北省交通应急保障能力。

此外,青海、辽宁和黑龙江等省市开展了公路交通应急指挥系统建设。青海省公路局成立公路网管理与应急保障指挥中心,各公路总段组建6个总段应急保障中心和29个由各公路段、高速公路养护公司组建的公路交通应急保障队。

黑龙江公路局已经建设了省公路交通智能管理平台和交通专业版GPS导航系统,涵盖全省国省干线公路沿线路基、路面、桥梁、涵洞、附属设施、收费站、服务区、养护工区、加油站和管养单位等交通设施的各项基础信息,并将该平台作为全省交通应急指挥平台的子平台之一加以完善和指导。黑龙江省围绕建设"一个交通应急指挥平台",将对公路、水路、运输、收费系统应急子平台提供指导。

2008年,辽宁省普通公路交通应急调度指挥中心建成并开始运行,通过整合公路基础数据管理平台、公路地理信息管理平台及综合信息管理平台为基础,采用标准的视频压缩格式和无线网络传输技术建立的包括公路路况实时监控系统、交通流量统计系统、养护巡视监控系统、GPS车辆监控管理系统、面向公路管理的应急抢险指挥系统及实时综合通信平台的多功能综合调度指挥系统,并配置了14台应急指挥车辆,切实提高了普通公路交通应急指挥救援能力,实现了普通公路交通应急管理的智能化、可视化和移动化。加强汛期、雨雪冰冻等灾害性天气的公路巡查,对突发险情及时组织人力、设备,采取有效措施,及时进行抢防。

2. 跨区域应急联动是保障公路网畅通的有力举措

跨区域公路管理部门之间信息互通、快速反应、多方联动,实施在应急状态下跨区域绕行、统一封路时间、异地劝返等有效措施,充分发挥公路的网络效应,对减少人民生命和财产损失,提高公路交通应急处置能力和道路通行能力具有重要意义。如在抗冰雪灾害抢通京珠高速公路期间,交通运输部加强省际间协调,与广东、湖南、广西、湖北、河南、江西等省积极协调,建立了联动协调机制,制定了跨区域绕行方案,先后开辟了从湖南衡枣高速分流广西、从赣粤高速公路分流江西的两条跨区域绕行路线,三天分流车辆18万余辆,有效帮助湖南、广东两省抓紧时间抢通道路、及时疏散滞留车辆和人员。

陕西省交通集团商漫分公司与湖北省汉十高速公路管理处本着"资源整合、快速反应、处置有效、先通后畅"的省际联动应急处置原则，积极构建路网、区域路段两级联合指挥平台，开发了路政、养护（路面、桥梁、隧道）、收费管理三大系统，在遇重大交通事故和突发事件时，联合指挥中心通过融合DHS、CDMA2000、ITNT三大网络，对高速公路路面、服务区实行无缝隙覆盖，实时掌控现状，并在2011年2月联合制定了《陕鄂高速公路漫川关界联动应急预案》，按照分级响应流程，及时处置各类管理信息、发布公共服务信息，对双方救援力量、物资等进行统一指挥调配，实现及时决策、实时指挥、联合调度、充分发挥省界联动、路地联动，最大限度发挥应急指挥效能。

3. 训练有素的应急保障队伍是应急管理体系运行的重要支撑

在交通运输部《关于加强基层交通运输应急队伍建设的指导意见》中，提到加强公路、航道应急抢险保通队伍建设。结合公路路网规模、结构、地域分布特点，以公路养护管理部门、路政管理部门以及日常养护队伍为基础，采取与专业公路养护工程企业签订应急处置协议的方式，构建基层公路交通应急抢险保通队伍。

在省级层面，陕西省公路局下设各地市国防交通专业保障大队，共计10支应急救援队伍，人员近4000名；厅航运局已建立水上应急救援队伍、防汛应急队伍、交通战备队伍共4支，人员85名；省高速集团建立了涉及突发事件抢险队伍、防汛抢险应急队伍、道路保障应急队伍、冬季安全保障队伍等方面，专（兼）职应急人员共计12054名；省交通集团建立了应急抢险队和西商分公司应急保畅中队，人员53名；交通职业技术学院建立了涉及各院系的6支应急队伍，人员114名；交通技术学院建立了涉及通信联络、车辆运输、安全防护等的应急队伍，人员39名；厅外资办建立了外资办应急队和安川救援应急等4支队伍，人员205名；宝汉公司建立了涉及应急管理、安全管制、后勤保障的综合应急队伍，人员25名。陕西全系统已建立涉及防汛抢险、道路保畅、养护应急、路政应急、治超应急、内保应急和校园安全等方面的应急队伍，专（兼）职应急人员近1.7万人。

江苏省对公路交通突发公共事件的保障主要包括经费保障、人员保障、装备保障和通讯保障。在人员方面，由职能部门负责人、专业技术人员和各公路管理站、收费站相关人员组成路网调度、运行值班、抢修维护和事故救援等专业应急队伍；建立公路交通技术专家数据库，完善专家参与决策和咨询机制；通过日常技能和管理培训以及模拟演练等手段，提高应急人员的风险意识、业务素质、技术水平、熟练程度和应急处置能力。在通讯方面，充分利用省交通厅和各市公路处的应急指挥平台，应急工作机构的主要人员的电话、手机号码在单位内部公布并保持24小时畅通。

4. 合理的物资及装备储备是应急管理体系的基本保障

在《公路交通突发事件应急预案》中为了保障应急物资和装备能够及时到

位,规定公路交通应急保障所需的各项经费,应按照现行事权、财权划分原则,分级负担,并按规定程序列入各级交通运输主管部门年度财政预算中。国家和地方公路交通专业应急队伍建设以及应急物资储备点的物资采购、运输、储存的相关费用,纳入各级财政预算。路网中心要根据每年开展宣传、教育、培训、演练等日常工作所需经费编列年度预算,报应急领导小组审批,并统一负责该项工作经费的管理与使用。

在保障应急经费和物资方面,各省也积累了很多经验。上海市在2010年9月,新增消防应急救援装备建设经费6330万元,助推特大型城市"平安办博"急需和综合性应急救援实力提升。这笔应急救援专项装备经费是在年度消防经费预算基础上的增拨项目,投向上注重"整合资源、集约高效,避免重复建设"的原则,重点解决上海市消防综合性应急救援队伍急需和"缺口"的装备配备问题,用于加强应急救援战勤保障装备储备,添置危险化学品泄漏、道路交通事故、建筑倒塌事故处置和地震救援救生等4大类应急救援装备模块和2台模块拖车等。

四川省在经费保障方面,明确了省、市交通主管部门均需设立应急运输保障经费。省厅安排道路应急运输保障经费,承担由省安排的,且无法用市场经济手段解决的应急运输经费支出。四川省公路运输管理局在《关于进一步加强道路运输企业安全生产工作的实施意见》中,按照国家财政部、安监总局《关于印发高危行业企业安全生产费用财务管理暂行办法的通知》(财企〔2006〕478号)的规定,提取安全经费,专项管理,严格按规定范围安排使用,建立安全管理和交通应急专项经费,确保安全管理、宣传教育、隐患排查、安全设施设备、安全技术进步、市场整治、应急管理等所需费用。

6.2.5 吉林省公路管理局的应急管理联动机制

1. 公路局与交通运输厅间的应急联动机制

交通运输厅作为省级交通运输行业主管部门,负责全省公路、水路、公共交通(含出租车)行业安全生产和应急管理工作。公路局作为厅直属单位,在日常工作中,负责向交通运输厅报送公路运行状况和监督管理相关信息。在发生Ⅱ级以上突发应急事件后,公路局在第一时间向交通运输厅报送灾害预警信息,建议启动应急预案类型,省厅在收到公路局的预警信息后,通过应急领导小组或应急管理及处置中心启动应急预案后,组织公路局及相关单位成立现场工作组,发布应急救援方案。在应急处置过程中,公路局24小时不间断向省厅汇报事件处置有关情况和事态发展情况。省厅根据实时数据,调整应急救援方案并下发到现场。具体如图6-10所示。

2. 公路局与高速公路管理局间的应急管理模式

高速公路管理局与公路局属于平级单位,两者所管辖的范围不同。在高速公路发生应急事件后,如高速公路因暴雪大雾等天气关闭后,高管局应立即通知公路局灾害类型及其采取的应急处置措施。这样公路局才能根据其措施,了解目前国省干道的交通压力,便于快速的交通疏导和管理,同时公路局也需将目前国省干道的路况信息反馈给高管局,便于高管局再通知驾驶员可选的行车路线和国省干道目前路况情况。具体如图6-11所示。

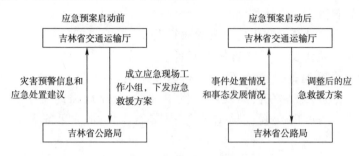

图6-10 公路局与交通运输厅间的应急联动机制

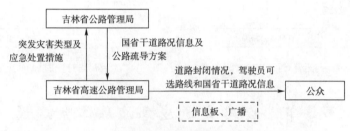

图6-11 高管局与公路局间的应急联动机制

同样,国省干道和普通公路发生突发事件后,公路局也需通报给高管局,互相传递灾害预警信息和路况信息,协商应急救援方案。一旦救援方案确定后,根据救援方案明确相互之间的职责和布置的工作。同时由于突发事件的不稳定性,必须实时进行信息互通,及时调整方案来保障抢险救灾工作的开展。具体如图6-12所示。

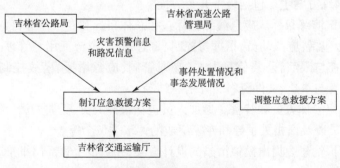

图6-12 公路局与高管局间的应急联动机制

3. 公路局与运输管理局间的应急管理模式

运输管理局主要负责对道路运输经营者的监督管理和道路运输安全生产

管理工作。在公路发生重大事故时,需要运管局协助疏导交通和发布信息。因此公路局在发生公路灾害后,需要向运管局发送灾害预警信息、路况信息和道路疏导或者中断方案。运管局在接收到公路灾害信息后,响应应急预案内容,启动应急处置流程。具体如图6-13所示。

4. 公路局与交警支队间的应急管理模式

交警支队负责交监督全省城乡道路交通管理工作,维护交通秩序,保障道路交通安全畅通;而且还负责全省高速公路交通管理、事故处理、维护高速公路治安秩序。因此,在公路发生突发事件后,公路局需向交警支队提供应急路况信息,然后向交警支队寻求维护交通秩序所需配备人员。具体如图6-14所示。

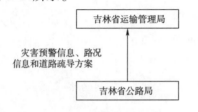

图6-13 公路局与运管局间的应急联动机制　　图6-14 公路局与交警支队间的应急联动机制

第3节 公路交通应急演练体系建设

6.3.1 应急演练方案

应急演练方案应以演练情景设计为基础,局部或全面地检验应急预案。情景设计就是针对假想事件的发展过程,设计出一系列情景事件,并通过情景说明书加以详细描述。演练情景中必须说明何时、何地、发生何种事件、被影响区域、自然环境条件等,并明确交通应急保障的任务和要求。

编制演练方案主要包括以下几个方面。

(1)确定演练目标。应急演练目标包括总体目标和专项任务目标。专项任务目标一般包括:应急动员、指挥与控制、事态评估、资源征用与管理、通讯与信息系统、监控与跟踪、公共信息发布、交通管制、应急增援、事故控制与人员防护、现场恢复与重建、文件资料与评估总结等。

(2)确定参加人员和装备。参加人员包括指挥人员、受训人员、系统操作人员、观摩人员以及由相关领导和专家组成的评审委员会等。

(3)模拟情景。提出模拟情景的设计方案,并上报主管部门批准,完善并构建模拟情景。

(4)编制演练议程和说明书。演练议程应详细地列出应急演练各项任务的内容、时间、地点、参加人员和任务要求等。

(5)后勤保障。详细列出演练活动所需的后勤保障支持的具体事宜和要求。

(6)反馈调查表和总结报告。

一个完整的演练方案应包括以下文件:

(1)情景说明书。情景说明书是对情景设计中的应急事件、任务、环境条件、响应行动、应急保障等方面的具体说明。

(2)演练计划。演练计划的主要内容包括:演练适用范围、总体思想和原则;演练假设条件、注意事项;演练情景及说明书;演练目标、评价准则及方法;演练程序和议程;控制人员和评价人员的任务与职责;演练所需的必要支撑条件等。

(3)评价计划。评价计划是对演练目标、评价准则、评价程序、评价策略,以及评价人员在演练准备、实施和总结阶段的职责和任务的详细说明。

(4)情景事件任务清单。情景事件任务清单是指在演练过程中需引入的情景事件按时间顺序的列表,其主要内容包括:情景事件及其控制消息和期望行动,以及传递控制消息的时间或时机。其目的是确保控制人员了解情景事件何时发生、应何时传递控制消息等。

(5)演练控制指南。演练控制指南是指有关演练控制、模拟和应急保障等行动的工作程序和职责说明,解释与演练相关的指导思想、制定演练控制和模拟行动的基本原则、通讯联系、后勤保障和应急管理机构等。

(6)演习人员手册。演习人员手册是指向演习人员提供有关具体信息、程序的说明文件,以及主要演练人员的通讯录和联系方式等。

(7)召开演练评审会。演练结束后应立即召开演练评审会,认真地听取受训人员和专家、领导的意见,并形成总结报告,总结此次应急演练的策划与组织、人员、装备与设备以及预案本身的适应性与存在的不足,并提出进一步的改进方案。

6.3.2 应急演练方式

各级交通主管部门应结合其交通应急管理工作的进展情况和自身条件开展应急演练工作,应急演练有多种方式,主要包括以下四种方式。

(1)研讨会。通过召开相关人员参加的研讨会,交流、演示和讨论应急预案的有关信息、成果和实践经验等。

(2)桌面演练。桌面演练就是指由应急保障机构有关指挥和日常管理人员等应急保障的直接参与人员,按照应急预案和标准运作与操作程序,对应急演练情景进行室内模拟和桌面操作。其主要目的是在没有时间压力的情况下,锻炼相关人员的操作技能和解决问题的能力,以及熟悉各自的职责和机构间的协调能力,并检验预案和应急系统的运行情况。

(3)功能演练。功能演练是指针对某项具体的应急响应功能或行动开展的演练活动。功能演练一般在应急指挥中心进行,并可同时开展现场演练,调用有限的应急资源、应急队伍和装备,并有一定的时间和效率目标。其主要目的是针对某项具体的应急响应功能,检验相关人员和应急管理机构的应急策划和响应能力。如公路交通的应急指挥和运输组织与调度、紧急救援、危险品运输的事故处理等。功能演练通常比桌面演练的规模大,需动用更多的应急资源。

(4)全面演练。全面演练是针对应急预案中全部或大部分应急功能、涵盖应急响应的全过程,全面检验和评价应急保障机构和应急预案的适应性和保障能力的演练活动。全面演练一般要求构建模拟情景,采用交互式的演习形式,演练过程要求尽量真实,调用更多的应急资源和人员,涉及行业内外的相关机构和组织开展的实战性模拟演练活动。

6.3.3 应急演练体系主要内容

根据我国公路突发事件类型以及应急救援队伍在平常工作中比较少碰到的应急情况,对于不同地区而言,有五类演练必须引起关注。

(1)隧道火灾、危化品事故应急演练

根据国外20世纪90年代的统计资料表明,隧道发生火灾的概率是10~17次/亿车公里。由于种种原因,国内公路隧道1公里每行驶5000万辆车就有1次火灾发生,其火灾发生的几率是铁路隧道的20~25倍。从火灾事故的车辆组成来看,虽然货运车辆只占整个公路交通运输车辆的15%左右,但有近30%的火灾是由货运车辆引起的。此外,隧道火灾后的恢复正常也需要花费很长时间。例如,1979年的日本Nihonzaka隧道(2.045公里),4辆卡车与2辆轿车追撞,火势持续160小时,造成7死1伤、189车烧毁,隧道封闭35日。法义白朗峰隧道(11.6公里)在1999年,卡车漏油引擎着火,隧道闷烧超过48小时,造成41死,36辆车中2辆消防车烧毁,隧道封闭3年,损失逾台币8亿5000万元。

隧道大多位于山脉交叉、丘陵沟壑的区域,造成在较长距离的空间属于几近封闭的,狭窄空间。而且交通流量、车型、车载危化物等因素决定了隧道发生消防安全、交通事故、危化物泄漏事故的多样性和不确定性。也就是说,隧道越长,交通量越大,隧道内发生交通意外、消防意外的几率就越大。

隧道火灾和危化品事故有以下几个特点。

①成灾快,蔓延快,持续时间长,控制难度大。隧道因车辆撞击后引起的火灾和危化品泄漏事故,从爆发到成灾,一般为5~10分钟,发展速度很快,且当隧道环境比较易燃时,随载易燃易爆物品、隧道内毒害气体浓度较高等,隧道内的火灾蔓延速度相对就会快速提高,且很难控制。

②道路堵塞,疏散救援困难。由于隧道空间狭小,横断面窄,发生火灾和危化物泄漏时隧道内大量车流难以疏散,火势和危化品易沿车流和通气风扇蔓延和扩散,扩大了灾害损伤。此外,救援物质和人员的进入也因隧道的交通堵塞而变得相当困难。

③扑救处理困难。隧道发生火灾和危化物扩散时,由于蔓延速度快,使得隧道内的照明系统、监控系统和自动报警系统等在短时间内就可以迅速失效,加之火灾以及危化物和地面反应后产生的浓烟、高热、高温等,从而造成隧道内

能见度差、温度高、通信联络中断等,往往使得救援人员无法靠近,以致延长扑救处理时间且扑救难度增大。

④起火点附近隧道承重混凝土容易崩落。山区高速公路隧道衬层内由于含有水分,当火灾发生时,衬层中的水分快速变成蒸汽,在衬层内积聚膨胀,从而产生巨大压力。国外隧道衬层火灾实验研究表明,一般混凝土表面温度达到200℃时,10~15分钟内混凝土衬层就会发生爆裂、崩落。而一般隧道内火灾附近的温度上升通常能达到几百度甚至上千度。

⑤隧道灾害事故损失大,危害性大。隧道火灾、危化物泄漏由于发展速度快、扑救困难等原因,导致事故损失巨大,也有可能造成群死群伤,隧道倒塌、交通中断,造成较大社会影响等。

因此,根据隧道长度和灾害等级对应设置隧道火灾和危化物事故应急方案,对不同等级的灾害,配置不同救援设备,以此达到合理配置资源利用最大化。针对隧道火灾和危化物的演习建议定期进行,可按3个月一小演、6个月一次中型演习、一年一次大型演习,使人员和设备常处于一种戒备状态。从以往一些隧道的情况中看,时间长了、人懒了、业务生疏了、设备锈住了,一旦发生事故,公路主管部门应对能力低下,酿成大规模灾害就在所难免了。因此,隧道火灾应急演练必须长期坚持下去,尤其在山区众多,桥隧比高的省份更应重视和加强演练。

(2)桥梁损毁应急演练

2007年10月22日,包头市民族东路与铁路交叉的高架桥发生倾斜,桥体倾斜45°,一端搭在线路上。受其影响,包环铁路23公里+60米处线路阻断。2008年8月21日,浙江境内正在建设中的宁波—台州—温州铁路的一座高架桥发生坍塌,造成1人死亡。12月13日,广清高速公路连接线主线工程广州市白云区增槎路江南农贸市场路段施工现场正在施工的一段高架桥支架发生坍塌事故,造成1人死亡、1人失踪、7人受伤。坍塌的支架大约有三四十米长,密密麻麻的钢筋大多已经严重扭曲。2011年5月28日下午14时40分,广东韶关境内的韶赣高速公路马坝互通立交桥突然发生坍塌事故,共造成7死1伤。

桥梁坍塌事故的特点主要有以下几个。

①危害大。许多桥梁坍塌或者破坏事故,经常会造成人员伤亡,影响极坏。而且桥梁坍塌造成的道路中断时间很长,往往容易造成道路交通长时间无法继续,从而造成交通拥堵,经济生活受到严重影响。

②潜伏期长。由于桥梁坍塌并不是一朝一夕之间造成,经常是长时间累积造成的桥梁受损。可能从表面看不出来,但是由于地基松动造成的桥梁内部结构已经断裂。

③后期维护困难。由于桥梁的主梁或者桥墩损坏,并不是一次建设就能完全恢复原样。一般情况下,桥梁坍塌后都需要重建,重建时间往往很长,造成长时间的道路中断。

公路交通应急队伍在日常养护生产工作中一般从事地基夯实、路面建设和养护工作，对于桥梁架设作业很少涉及，而且专业的桥梁架设人员有限。要想在短暂的事件内完成桥梁的架设难度很大，只有通过应急演练，熟悉桥梁架设的技术，成员之间相互磨合，才能实现快速架设桥梁，方便公众出行。

（3）水毁路段坍塌演练

自20世纪60年代以来，随着地球自转速度的周期性变化，我国和北半球可能已经进入一个新的百年尺度的自然灾害相对频繁期。21世纪以来，随着防灾工程的老化，在一定的灾变性水文气候条件下，水毁灾害有可能继续增大。特别是公路沿线高山冰湖存在溃决危害的可能性将进一步增大，可能形成大规模水毁灾害的机遇增多，同时随着公路沿线经济的快速发展，水毁造成的总损失将会成倍增大。

公路水毁灾害主要有以下几个特点。

①季节性明显。洪水灾害一般集中在夏季。西部一些地区是季节性积雪融化形成的洪水，一般在5月中下旬至6月上中旬消融达到高潮，形成峰高量大的融雪洪水。中部一些地区是由于暴雨等恶劣天气造成的短时间水位急剧上涨形成的洪水高潮。还有东部沿海城市受台风影响造成的短时雷雨暴风形成的洪水，这些洪水对公路路基及其桥涵等建筑物造成严重的冲毁灾害，公路沿线河流及两侧支流的首发洪水灾害，多数具有这种特点。

②水毁灾害成灾时间短，危害时间长。公路沿线诸多河流，均属典型的山区河流水文特性。洪水汇流时间短，传递速度快，形成峰高、量大、坡陡的尖瘦洪水过程。沿河两侧大量泥石流、滑坡固体物质频频涌入河枯，造成河道冲淤演变十分强烈，既多弯道、险滩，又易造成阻塞。加之河床纵坡大，洪水期间，沟床质极易被湍急的洪水启动带走，形成含量大、运动速度高、冲（撞）击力很强的推移质（特别是大漂砾），使公路一侧软弱河岸（特别是凹岸）及路基下边坡被严重侧蚀和冲刷，岸坡路基及建筑物瞬时被冲（撞）毁坏，形成水毁灾害，这种水毁灾害过程时间短暂，一般不到1小时，最长也不过10余小时。

③水毁灾害与泥石流、山崩滑坡等灾害具有共生及相互转化的特点。在公路沿线水毁灾害频繁地段，泥石流滑坡等山地灾害活动往往也十分频繁。由于江河、支流洪水对公路沿线高路基下边坡（河岸山坡）的冲刷、侧侵作用，会造成下边坡严重坍方或形成彻底毁路的大滑坡，结果造成水毁和崩塌滑坡共生。在同一个时段内，支沟发生的滑坡泥石流堵塞干流，形成溃决性的洪水灾害或将河水主流线逼向公路一侧，使线路造成严重水毁；或者由于河床的淤积抬高，造成回水，使公路路基长期被河水淹没。特别是山洪水毁、泥石流共生及相互转化，界线模糊的现象十分普遍，是公路水毁活动的重要特点。

可以发现公路水毁灾害危害极大，破坏力极强，而且还伴有次生灾害等情况发生，而且由于水毁灾害一般范围很广，应急抢险工作所需时间很长，因此如何保证有序开展应急救灾抢险工作，以及如何保证灾后人们工作生活正常运行，就需要通过应急演练进行事先强化。

(4)凝冻雨雪路面演练

南方凝冻现象是近几年公路灾害中比较频繁的一种,这种灾害由于治理难度大,治理方法少越来越受到重视。2008年1月10日到2月2日,我国南方地区遭受了持续大范围的低温雨雪冰冻极端天气,其影响范围之广,强度之大、持续时间之长、灾害影响之重历史罕见,很多地区为五十年一遇,部分地区为百年一遇。单就贵阳市来说,城乡交通运输严重受阻,机场被迫关闭,高速公路限时通行并出现严重拥堵,数十万旅客滞留贵阳,23个乡镇变成交通"孤岛",与外界联系中断。全市受灾人口262.7万人,因此直接经济损失达110亿元。2011年18日开展,湖南省共有40县市降雪(雨)量7.5毫米,达到大到暴雪量级,其中邵阳、邵阳县、新邵、武冈、涟源、双峰等共20县市降雪量超过10毫米,达到暴雪量级,绥宁县降雪量最大为16.6毫米。造成湘西南、湘南共22个县市出现冰冻,其中通道县电线覆冰厚度最大为11毫米。凝冻灾害主要有如下特点。

①持续时间长、覆盖范围广。雪凝灾害恶化通行条件持续时间大都在20天左右,而且覆盖范围与降雪区域有关,经常容易覆盖一个省份大多数市县,造成大面积的道路瘫痪,而且长时间、持续性的低温雨雪天气,导致绝大部分路面湿滑,常规的公养护处置方法难以有效清除。更为严重的是,在持续低温冰冻天气下,使抢通的公路在很短时间又被冻雨反复覆盖,给公路抢险保通工作造成极大困难,无法进行及时的道路清理和疏通。

②周期性明显。冻雨在我国大多出现在1月上旬至2月上中旬的一个多月内,起始日期具有北早、南迟,山区早、平原迟的特点,结束日则相反。地势较高的山区,冻雨开始早,结束晚,冻雨期略长。而这段时间往往正值春节前后,是一年一度的春运高峰期,也是春节期间各类商品供应、物资运输的高峰期;正处煤电油运的紧张时期,部分电厂电煤库存不足,许多电厂、燃气厂存煤已到警戒线以下;交通运输方式受阻,由于铁路接触网处于断电状态,列车不能正常运转,容易导致铁路无法行车。民航因天气原因造成大量航班停航。从铁、民航分流的客源加重了原本就严重受阻的公路交通的压力。种种因素使各种矛盾叠加,放大了灾情,增加了抗灾救灾工作的复杂性、紧迫性和难度。

③危害程度强。干线公路交通严重受阻,最严重时国省、省道及重要县道断续封闭,全省道交通运输基本处于中断状态。公共设施遭受不同程度的损失。雪凝灾害对桥面、基础、边坡、绿化带、安全设施和交通工程设施损坏严重,滞留车辆、交通事故、防滑链、融雪盐的使用等因素也构成道路设施受损;同时造成通行费减收,旅客运输补贴超支。

凝冻灾害一般发生在南方高山地区,而南方地区的公路交通应急队伍的应急处置经验大多集中在暴雨和大雾天气等自然灾害的防治上,对于暴雪类的应急响应能力不足,造成在应对暴雪和凝冻灾害时,造成应急处置效果无法及时到位。因此,对南方地区人员的除雪防滑以及凝冻处理的应急演练也是关键内容。

6.3.4 公路交通应急演练体系建设关键环节

(1)公路交通应急培训体系建设

应急培训工作是各级交通主管部门日常应急工作的重要内容。应急培训通常根据其培训对象的不同,分为应急预案及其基本知识和公路交通应急保障专项技能培训等方面。首先应根据不同的培训对象制定相应的培训教材和培训工作计划。培训对象按其工作性质可分为专职人员、兼职人员和相关人员;按其应急工作职责又可分为指挥人员、操作人员、运输人员、抢险救援人员、后勤保障人员等,其对应的培训内容也不尽相同,但应涵盖应急预案的全部内容并尽可能与其日常工作职责相一致,强调团队协作能力的培养,体现应急培训的系统性、专业性和协作性特点。应急培训通常应强调应急相关人员在应急预案中的角色和所承担的责任,获取相关应急知识和资料的渠道和方法,突发事件发生时的联络方式和机构、信息报告、通信等方法,应急响应程序、应急处置和救援方法以及应急防护等内容。

应根据不同的培训对象,将相关重要的应急保障方法、程序等内容编印成通俗读本,做到图文并茂、通俗易懂、携带方便、快速查询,提高宣传与培训效果。培训教材包括:相关应急预案、法规与政策、应急小常识、应急运输处置技术、应急响应程序和工作职责等方面。各级交通行业管理部门应将应急运输保障培训工作纳入日常管理工作议程,定期开展应急培训工作。应急培训应尽可能地与受训人员的日常工作和应急保障时的角色相一致,既能学到相关应急知识和政策、熟悉应急预案和操作规程,又能掌握有关专项应急技能。

在确定培训人员和培训内容时,培训组织者可编制一个类似应急功能职责表的图表,横栏为培训课程或模式,纵栏为应急组织中的各个小组或机构。通过对职责表和培训表比较就可以找出每个组织和机构所需要的培训人员和内容。

培训计划通常包括:确定培训对象和培训计划目标、编写培训教材和培训日程、确定培训小组和各项任务的培训目标、评估和校正培训计划、观摩演示和实际操作等方面。

培训方式通常包括:讲座、专题研讨班、实务操作、答题、座谈会和现场参观等多种形式。

一个良好的应急培训计划不仅需要提供所有任务的最初培训,也应该提供定期重复培训,以便检验初期培训的效果,巩固培训成效,并对新增人员进行培训。

(2)公路交通应急联合演练

重大公路交通突发公共事件往往事发突然、波及面广、持续时间长,单个部门的力量越来越不能适应实际需要,必须加强纵向上、下级部门与部门之间,横向部门与部门之间的联系,有效整合利用各种资源。

目前,我国在积极推进建立公路交通警地联合应急机制,2011年4月28

日,首次公路交通警地联合应急救援演练在京举行。此次演练由交通运输部、北京市政府、武警交通指挥部联合组织。交通运输部部长李盛霖、武警部队司令员王建平、北京市副市长苟仲文等观摩演练。演练科目分为现场短片演练和实兵演练两大部分。现场短片展示了从发现险情、逐级上报到启动军地联动机制,成立在交通运输部和北京市政府领导下、由北京市交通委和武警交通直属工程部牵头的应急救援联合指挥部,确定应急救援方案等一系列紧张的接警响应决策部署过程。实兵演练分为道路抢通、直升机人命救助、战备钢桥架设和堰塞湖排险四个科目。经过50分钟的紧张抢险救援,圆满完成了预定任务。

目前来说,公路交通应急联合演练应加强与消防部门联合演练和与公安部门联合演练。与消防部门联合演练主要针对的是危险化学品事故应急救援演练,演练课目包括危险化学品运输事故与安全生产应急救援装备的展示,需要公安、消防、卫生、环保、交通等部门以及应急救援专业队伍等共同参与应急演练。而与公安部门联合演练则是大多数公路交通应急演练都应涉及,例如危险化学品运输事故应急救援演练、公路抢通应急演练等。

联合演练将是应急演练的必然趋势。联合演练充分贯彻统一领导综合协调分级负责属地管理为主的应急处置原则,充分检验交通运输各部门各负其责紧密协作无缝衔接的应急救援处置措施。

(3)公路交通应急演练评估

①演练评估目的

为了确定演练是否达到目标要求,实现检验各应急组织指挥人员以及应急响应人员完成任务的能力的目的,必须在演练覆盖区域的关键地点和各参演应急组织的关键岗位上,派驻公正的评价人员,全面、正确地评价演练效果。

同时,评估结果也是进行总结的基础,对于发现问题,找出原因,及时采取措施进行更改、修正和调整具有指导性作用,因此对整个演练过程进行评估显得至关重要。

②演练评估内容及评估标准

a)应急响应

评估内容:通知应急组织、启动应急响应,动员应急响应人员的能力。

评估准则:相关人员报警,接警人员处置警情,核实事故现场状况,应急响应人员发出警报,通知或动员有关应急响应人员各就各位,作出紧急评级判断,及时启动应急响应,调集各类应急设施、装备,使相关应急设施从正常运转状态进入紧急运转状态。

b)指挥和控制

评估内容:指挥、协调和控制应急响应活动的能力。

评估标准:应急指挥中心具备应急过程中控制所有响应行动的能力。中心指挥人员、现场指挥人员以及各应急组织、行动小组负责人都应按应急预案要求,建立事故指挥体系,展示指挥和控制应急响应行动的能力。

c) 事态评估

评估内容：获取事故信息，识别事故原因和损害程度，判断事故影响范围及其潜在危险和危害。

评估标准：要求省应急指挥中心应具备通过各种方式和渠道，积极收集、获取事故信息，评估、调查人员伤亡和财产损失、现场危险性以及公路桥梁损毁程度等有关情况的能力；具备根据所获信息，判断事故影响范围，以及对公众和社会的危害和影响；具备确定进一步调查所需资源的能力；具备及时通知场外应急组织的能力。

d) 应急物资资源管理

评估内容：动员和管理应急响应行动所需资源的能力。

评估准则：要求省应急指挥中心具备根据事故评估结果，识别应急资源需求的能力，以及动员和整合内外部应急资源的能力。

e) 通信保障

评估内容：所有应急响应地点、应急组织和应急响应人员之间相互有效通讯交流的能力。

评估准则：要求各级指挥中心、各应急处置小组需建立可靠的主通信系统和备用通信系统，以使与有关岗位的关键人员保持联系。

f) 应急设施

评估内容：应急设施、装备、物资及其他应急支持资料的准备情况。

评估准则：要求各参演单位具备足够应急设施，且应急设施装备和应急物资的储备与管理状况能满足支持应急响应活动的需要。

g) 应急响应人员安全

评估内容：监测、控制应急响应人员面临的危险和处置救援能力。

评估准则：要求参加应急演练的单位具备保护应急响应人员安全的能力，主要强调应急安全区域的划分、个人保护装备配备、事态评估机制与通讯活动的管理。

h) 现场警戒和现场调度

评估内容：维护警戒区域秩序，控制交通，控制演习区域交通出入口的组织能力和资源。

评估准则：要求责任方具备维护、管制演习区域交通道口的能力，强调对交通分流点设置、执法人员配备和交通疏导等活动的管理。

i) 公路抢通

评估内容：采取有效措施遏制公路中断，避免事态进一步恶化的能力，采取有效措施控制事故发展。

评估准则：要求指挥中心根据现场状况迅速组织相关处置力量对公路进行抢通，保证道路快速畅通。

各种公路突发公共事件的演练均可根据以上评估内容进行演练评估。通过设计表格进行演练具体环节的评估，最后达到检验演练和预案的效果。

本章小结

本章主要从公路交通应急响应能力、应急管理运行机制建设和公路交通应急演练体系三个方面研究公路交通应急管理的处置能力建设,给出了基本框架,并结合案例分析了具体的操作过程,为今后公路交通应急管理处置能力建设提供借鉴。

1. 公路交通应急响应能力主要指哪几种突发事件下的响应能力,其响应过程一般遵循什么规律?
2. 丘陵省份的公路交通应急管理单位应如何选择?为什么?
3. 公路交通应急演练方式有哪几种?

课外阅读

公安部、交通运输部联合部署加强客货运驾驶人安全管理工作

驾驶人综合素质是影响道路交通安全的重要因素。为提高客货运驾驶人队伍素质,预防和减少重特大道路交通事故,保障道路交通安全,近日,公安部、交通运输部联合印发《关于进一步加强客货运驾驶人安全管理工作的意见》(以下简称《意见》),进一步提高大中型客货车驾驶人培训考试要求,严格客货运驾驶人准入条件,部署加强客货运驾驶人安全管理。

严格客货运驾驶人管理是预防重特大交通事故的重中之重

客货运车辆一旦发生交通事故,容易造成重大的人员伤亡。近年来,从事营运的客货车造成重特大道路交通事故频发。2011 年,全国共接报涉及人员伤亡的道路交通事故 210812 起,共造成 62387 人死亡,其中营运客货车辆肇事 50296 起,占 23.9%,造成 20648 人死亡,占 33.1%。全国共发生一次死亡 10 人以上的特大交通事故 27 起,造成 451 人死亡,其中营运客货车肇事的事故 23 起,造成 390 人死亡,分别占 85.1% 和 86.5%。特别是去年 10 月 7 日天津滨保高速特大事故,造成 35 人死亡,其中绝大多数是在校大学生,后果极其严重,影响极为恶劣。

从这些重特大道路交通事故看,驾驶人是造成事故的重要因素。据统计,全国共有营运驾驶人1944万人,其中,客运驾驶人205万人,货运驾驶人1739万人。一些营运驾驶人特别是大中型客货车驾驶人安全意识淡薄、交通违法行为普遍、应急处置技能不足等问题突出,暴露出大中型客货运驾驶人准入门槛较低、运输企业内部管理不规范、驾驶人日常教育缺失等问题。将客货运驾驶人作为监管重点,采取强有力的手段严格资格准入、严格教育管理,是深化国务院"五整顿""三加强"工作要求的重要措施,是遏制重特大道路交通事故发生,保障人民群众生命财产安全的迫切要求。

据了解,该《意见》本着突出重点、严格管理的原则,将区分管理客货运驾驶人和普通驾驶人,针对客货运驾驶人的职业特点,从驾驶培训考试、准入资格管理、日常教育监管、严格责任追究等四个方面,出台了17项严格管理举措,提出了更高、更严格的要求。同时,《意见》进一步强化了驾驶人培训和考试工作衔接,明确公安、交通运输部门联合监管工作职责,建立了对客货运驾驶人实行全过程监管、终身诚信考核的管理机制。

大中型客车驾驶人培训考试更具针对性和实用性

严格大中型客车驾驶人培训考试,从源头环节强化驾驶人安全驾驶行为养成,是预防重特大道路交通事故的重要措施。目前,全国共有大中客车驾驶人1141万人,大中型货车驾驶人4932万人。分析发生的重特大道路交通事故,一些大中型客车驾驶人应对恶劣天气、复杂路况和突发情况的能力不足,部分驾驶人安全驾驶意识差,疲劳驾驶、超员、超速等违法行为多。在2011年客货运车辆肇事的23起特大交通事故中,因驾驶人交通违法造成的事故占91%。"10·7"天津滨保高速死亡35人特大事故,驾驶人超速驾驶、面对突发情况猛打方向盘导致车辆侧翻是主要原因。注重对驾驶人素质教育、安全意识及应急处置能力的培养是加强管理的重要任务。

为增强驾驶人培训、考试的实用性和针对性,提高大中型客货车驾驶人安全意识和技能,《意见》要求大中型客车要严格落实夜间驾驶考试,并在场地内培训和考试中增加模拟雨天、冰雪、湿滑路和突发情况处置等项目,实际道路培训和考试增加山区、隧道、陡坡、高速公路等内容。

《意见》同时要求各地严格按照交通运输部、公安部的规定,全面推广应用计算机计时培训管理系统,落实驾驶人培训和考试各项工作要求。2012年4月1日起,大中型客货车驾驶人培训要全部应用计算机计时管理系统,计时管理系统要与道路运输管理机构和公安机关交通管理部门实行联网,实现信息共享。

客货运驾驶人准入门槛提高　严重违规将进入"黑名单"库

从事客货车营运的驾驶人是参与道路交通运输的主体,其安全驾驶意识和素质高低对道路交通安全有重要影响。由于目前客货运驾驶人准入门槛较低,退出机制不健全,一些从事营运的驾驶人交通安全意识不强,素质不高,交通违法问题突出。

针对这些问题,《意见》从四个方面严格客货运驾驶人从业资格管理,提高了营运驾驶人的准入门槛,确保将优秀的驾驶人选拔到营运驾驶人队伍,将违法问题突出、安全意识差的淘汰出营运驾驶人队伍。

一是提高客货运驾驶人职业准入条件。对申请参加营运驾驶人资格考试的,增加了近3年内无重大以上责任交通事故和交通违法记满12分记录等条件,且要取得公安机关交通管理部门的相关证明。考试合格,才能取得从业资格。

二是严格客货运驾驶人聘用条件。企业要严格审查新聘用大中型客货车驾驶人的从业资格和安全驾驶记录,新聘用的驾驶人要参加公安机关交通管理部门组织的道路交通安全法律、法规学习和交通事故案例警示教育后,方可上岗从事运输。

三是建立营运驾驶人信息共享管理机制。交通和公安部门要建立营运大中型客货车驾驶人信息管理平台,实现驾驶证、从业情况、交通违法和事故等信息共享,实现驾驶人信息化、动态化管理。2012年6月底前,地市级要完成营运大中型客货车驾驶人信息管理平台建设。

四是建立客货运驾驶人退出机制。对营运大中型客货车驾驶人进行诚信考核,对存在重大安全隐患的,及时调离驾驶人工作岗位。营运大中型客货车驾驶人发生重大以上交通事故,且负主要责任的,将被吊销从业资格,列入"黑名单"库,3年内不得重新申请参加从业资格考试。

教育管理与服务保障并重　打造安全诚信的驾驶人队伍

客货运车辆驾驶人既是参与道路交通运输的主体,也是道路交通安全管理重点群体。针对部分客货运驾驶人超速、超员、疲劳驾驶等严重违法行为突出等问题,按照严格管理和服务保障并重的原则,《意见》出台六项综合措施,充分发挥诚信考核、内部教育、科技监管和社会监督的作用,严格日常教育管理。

一是开展客货运驾驶人继续教育。要求企业组织客货运驾驶人定期开展继续教育,重点加强典型事故案例警示、恶劣天气和复杂道路驾驶常识、紧急避险、应急救援处置等方面的教育,强化从业人员职业道德和安全意识。

二是推行客运安全告知制度。客运企业和驾驶人要在发车前向乘客告知安全服务内容,在车内明显位置标示车辆核定载客人数、经批准的停靠站点和投诉举报电话,2012年6月底前,所有省际班线客运车辆和省际旅游客车要全部实行安全告知制度。

三是强化卫星定位监控系统应用。自2012年2月1日起,没有按规定安装卫星定位装置或未接入全国联网联控系统的车辆,将暂停其营运车辆资格审验。公安机关交通管理部门可以根据卫星定位装置采集的监控记录资料,依法查处超速、疲劳驾驶等交通违法行为。

四是严厉查处客货运驾驶人违法行为。规定客货运驾驶人24小时内驾驶时间不得超过8个小时,连续驾驶时间不得超过4个小时。公安机关交通管理部门将加强对交通事故多发路段和时段的管控,依法从严查处大中型客货车、校车超速、超员、超载、疲劳驾驶等严重交通违法行为。

五是加强客货运驾驶人权益保障和服务。鼓励建立客货运驾驶人行业自治组织,畅通客货运驾驶人合理反映诉求渠道,督促提高驾驶人工资待遇,落实医疗、养老等社会保障。通过手机短信服务平台,提供交通违法记分、重特大道路交通事故、恶劣天气预警等信息提示服务。

六是加强社会监督。制定严重交通违法行为有奖举报办法,对投诉举报的违法违规行为一经查实,严格依法处罚,记入对驾驶人和车辆所属企业的质量信誉考核档案。在互联网、报纸、电视等媒体曝光事故违法多、群众投诉多的企业及其驾驶人,供社会群众选择服务企业,并进行监督。

另外,《意见》进一步明确了违规问题的责任追究。一方面,要求严格查处违规从事驾驶人培训、考试,对驾校、教练员、道路运输管理人员和交通民警违规行为设定了严厉的处罚措施;另一方面,突出了运输企业安全管理责任追究,对聘用未取得从业资格的驾驶人、强迫驾驶人违法驾驶,多次有超员、超载违法行为,发生重特大道路交通事故的,不仅对驾驶人进行处罚,还要严肃追究企业负责人和安全管理人员的责任。

2011～2015年全国卫生应急工作培训规划

为贯彻落实《医药卫生中长期人才发展规划(2011～2020年)》,建立健全卫生应急培训体系,进一步做好卫生应急培训工作,提高培训质量和效率,规范和指导全国卫生应急培训工作,制定本规划。

一、背景

近年来,各级卫生部门不断加大卫生应急培训力度,采取多种方法、利用多形式开展卫生应急培训和宣传教育工作,取得了明显成效。但是,由于全国卫生应急体系建设起步较晚,卫生应急培训体系和制度正在建立,还存在着一些薄弱环节。一是部分地区对卫生应急培训工作重视不够,投入不足,存在重使用轻培训的现象。二是卫生应急培训体系不健全,师资力量不足,教材不规范,培训工作缺乏科学性和系统性。三是培训工作缺乏分类管理,重点不突出,方式单一。

当前,我国正处在经济快速发展期和社会转型期,自然灾害频发,事故灾难、社会安全和突发公共卫生事件不断增多,卫生部门承担的突发公共卫生事件应急处置和突发事件紧急医学救援任务日益繁重,做好卫生应急培训工作,建立适合我国国情的卫生应急培训体系，造就一支高素质的卫生应急队伍，是落实深化医药卫生体制改革任务，保障人民群众身体健康和生命安全的需要。

二、指导思想和原则

深入贯彻落实科学发展观，树立人才是第一资源的理念，突出人才优先，强化以用为本，坚持统一规划、分级负责、突出重点、分类培训、注重实效、提高能力的原则，以提高卫生应急队伍素质和能力为核心，以专业机构人员为重点，积极开展卫生应急培训演练，加快培养一支结构合理、专业齐全、业务精湛、反应迅速、作风过硬的卫生应急队伍。广泛开展卫生应急知识宣传，提高公众卫生应急意识和灾害自救能力，营造全社会共同应对突发事件的良好氛围。

（一）统一规划，明确责任。根据全国卫生应急培训工作总体规划，地方各级卫生行政部门结合实际，依据各自职责，制订本辖区培训规划和实施计划。针对不同层次、不同类别培训对象，组织实施培训和演练。

（二）建立体系，完善功能。逐步建立门类齐全、布局合理的卫生应急培训体系。依托具备相应条件的现有医疗卫生机构和大专院校，添置必要的教学设备设施，建设国家和省、地市三级卫生应急培训演练中心，开展系统化、标准化的培训工作。分层分类培养卫生应急专业师资，满足常态化的培训工作需要。

（三）建立机制，规范管理。加强培训工作的规范化管理，建立健全卫生应急培训考核评价机制、激励和约束机制以及稳定的投入保障机制。强调理论学习与实际操作相结合、知识学习与技能训练相结合、针对性和实用性相结合，实现培训演练与卫生应急实际需求的有机统一。

（四）突出重点，分类培训。以培训卫生应急管理人员和卫生应急专业队伍为基础，以急需的指挥决策人员和专业技术骨干为重点，以基本理论、基本方法和基本技能为主要内容，分级分类开展卫生应急培训和演练。广泛开展国际交流，学习借鉴国外先进经验。

三、目标和指标

到2015年，完成卫生行政部门、医疗卫生机构中应急处置和医学救援相关人员培训3.5万人。经过全面、系统的培训和演练，使各级卫生应急人员的应急意识明显增强，应急处置能力明显提高；使社会公众的突发事件防范意识明显增强，自我保护能力明显提高。

（一）培训卫生应急指挥决策人员1700人。到2013年，完成50%；到2015年，完成100%（包括国家、省级、地市级卫生行政部门及疾控、医疗、卫生监督机构负责人1000人，各类卫生应急队队长200人，国家和省级卫生应急专家500人）。

（二）培训国家级和省级卫生应急专业技术骨干3500人。到2013年，完成30%；到2015年，完成100%。

（三）培训基层卫生应急专业技术骨干30000人。到2013年，完成50%；到2015年，完成100%。

（四）普及社会公众卫生应急知识。以县为单位，到2013年，覆盖率城市居民达到60%，农村居民达到40%；到2015年，覆盖率城市居民达到80%，农村居民达到60%。

四、主要任务

（一）培训体系建设。依托具备相应条件的医疗卫生机构和大中专院校，到2013年底，建成华北、华中、华东、华南四个区域的国家级卫生应急综合培训演练中心；到2015年底，建成西南、西北、东北三个区域的国家级卫生应急综合培训演练中心。充分发挥国家级卫生应急区域性综合培训演练中心的作用，开展国家卫生应急队伍、国家级和省级师资的培训演练工作。

到2013年底，各省(区、市)要建成一个省级卫生应急综合培训演练中心，主要承担省、地市级卫生应急队伍和师资培训演练。地市、县级卫生行政部门依托1~2个综合实力强的医疗卫生专业机构建设本辖区培训演练中心，负责培训卫生应急专业技术人员和承担社会公众宣传教育任务的师资。

（二）培训大纲和教材制定。根据新时期卫生应急培训工作需要，结合近年来汶川、玉树地震等严重自然灾害和甲型H1N1流感等突发公共卫生事件应对工作实践，卫生部组织制订卫生应急培训教学大纲，组织编写卫生应急管理、突发急性传染病防控、紧急医学救援、突发急性中毒事件处置、核和辐射突发事件应急、卫生应急准备等系列培训教材。同时，加强视频课件、多媒体、电子图书等类型教材的开发和利用。

各地应当结合本地突发事件发生特点和规律，组织编写应急预案库、事件处置案例库、处置流程、技术方案等辅助培训教材，编制卫生应急公众宣传教育材料，提高卫生应急培训效果，提高公众卫生应急知识普及率。

（三）卫生应急人员培训。

1.卫生应急指挥决策人员。卫生部和省级卫生行政部门重点培训地市级以上卫生行政部门及疾控、医疗、卫生监督机构的管理人员，各类卫生应急队队长，国家和省级卫生应急专家。5年内累计培训3个月、国际交流活动1次。采取理论授课、考察交流和模拟演练等培训方式，通过系统培训，熟悉国家政策法规，掌握国内外先进的理念和科学方法，提高突发事件卫生应急处置指挥决策的能力和水平。

2.国家级和省级卫生应急技术骨干。卫生部和省级卫生行政部门重点培训国家和省级疾控、医疗、卫生监督机构专业技术骨干，各类卫生应急队成员，以及承担卫生应急任务的大专院校和科研机构的专家。每年至少培训2周，每支队伍至少实战演练1次。采取短期培训、进修和现场实战演练等方式，通过加强卫生应急法律法规、理论知识、专业技能和新知识、新方法的培训，全面提升国家级和省级卫生应急技术骨干现场调查、处置和技术指导等能力。

3. 基层卫生应急技术骨干。省级和地市级卫生行政部门重点培训地市级和县级疾病防控、医疗救治、卫生监督、健康教育、妇幼保健、社区卫生、精神卫生、采供血等医疗卫生机构的卫生应急专业技术骨干。每年至少培训1周,至少开展应急演练2次。采取理论授课、在岗自学、案例分析和现场演练等培训方式,通过加强应急准备、现场处置、风险沟通等知识培训,使基层卫生应急技术骨干掌握卫生应急预案、技术规范和标准,熟悉卫生应急专业知识、理论、程序和技能,提高风险沟通、现场调查分析和现场处置等能力。

(四)全员培训和知识普及。地方各级卫生行政部门负责本区域内医疗卫生人员卫生应急知识全员培训。同时,要与新闻媒体建立良好的沟通协调机制,充分利用报刊、广播、电视、互联网等媒体和宣传栏、张贴画等形式,以街道、社区、乡村等基层群众为重点,以普及突发公共卫生事件防控以及灾难避险、自救互救知识和技能为主要内容,大力普及卫生应急知识,提高全社会的防范意识和灾难自救能力。

五、保障措施

(一)加强领导,明确职责。各级卫生行政部门和医疗卫生机构要从卫生事业长远发展的战略高度,充分认识做好卫生应急培训工作的重要性、紧迫性,把卫生应急培训工作列入重要议事日程,纳入继续医学教育学分管理,重点人才要纳入省级卫生人才培养计划。要加强组织领导,明确职责分工,制订具体实施计划和方案,采取有力措施,确保培训工作目标和任务的圆满完成,全面提高卫生应急处置能力。

(二)加大投入,实施项目管理。各级卫生行政部门要认真贯彻卫生部《医药卫生中长期人才发展规划(2011~2020年)》,落实紧缺人才开发工程卫生应急专门人才培训任务,争取政府财政支持,将卫生应急培训演练经费列入年度部门预算,保障卫生应急的人才培养、专业队伍和师资队伍建设、培训演练中心建设和教材开发等需要。要实行项目管理,分年度安排经费,有计划、有步骤、有指导、有监管,确保各项卫生应急培训工作顺利开展。

(三)考核评估,确保培训效果。建立卫生应急培训考核评估体系,制订切实可行的评估方案,定期开展规划实施情况的督导评估。健全监督、约束和奖励制度,对成绩突出的单位和个人,给予表彰奖励;对未完成年度培训演练计划的,要予以通报批评。2013年,对规划执行情况进行中期评估;2015年,对规划执行情况进行终期评估。

参考文献

[1] 北京市交通委员会.北京市道路突发事件应急预案[Z].2008-09-05.

[2] 北京市交通委员会.北京市公路路网管理与应急处置系统介绍[R].北京:北京市交通委员会,2010.

[3] 交通运输部.全国公路网管理与应急处置平台建设指导意见[Z].2009-11-23.

[4] 潘安定,刘会平.关于南方雨雪冰冻灾害应急机制的探讨[J].防灾科技学院学报,2008,10(2):39-41.

[5] 辽宁省高速公路管理局.建立高速公路应急管理体制机制的实践与思考[J].中国公路网,2009.

[6] 邱斌.上海世博会资源应急管理研究[D].上海交通大学硕士论文,2008.

[7] 周学农.突发性灾害之公路交通应急管理研究[D].湖南大学博士论文,2009.

[8] 刘娜.我国道路交通危机管理的理论体系及其应用研究[D].广东工业大学硕士论文,2006.

后 记

为加强公路交通应急管理能力,帮助交通运输系统广大职工系统学习和深入理解公路交通应急管理的内涵、体系和关键环节,更好指导应急管理工作创新实践,我们按照全面系统、科学规范的原则,理论与实际相结合,对公路交通应急管理的重要理念进行了深入解读。

在本书的编写过程中,交通运输部各司局领导、吉林省交通运输厅相关领导、企事业单位和科研院所等有关部门对本书的编写给予大力支持;李兆良、杜永东、王潮海、虞明远等领导和专家对书稿进行了认真审读,并提出了宝贵意见,在此一并表示感谢。

本书由交通运输部管理干部学院现代交通运输发展研究中心主任赵光辉同志和吉林省公路管理局局长陈立华同志共同组织编写和统稿。吉林省公路管理局和交通运输部管理干部学院负责具体编写工作。参加编写工作的有李艳梅、马永辉、宋文祝、李凤、李丽丽、田仪顺、刘娟、李莲莲、吕梓途、李方亮等。